Charlotte Wiedemann

„Ihr wisst nichts über uns!"

Charlotte Wiedemann

„Ihr wisst nichts über uns!"

Meine Reisen durch einen unbekannten Islam

HERDER

FREIBURG · BASEL · WIEN

Originalausgabe

© Verlag Herder GmbH, Freiburg im Breisgau 2008
Alle Rechte vorbehalten
www.herder.de

Satz: Barbara Herrmann, Freiburg
Herstellung: CPI Moravia Books, Pohorelice

Gedruckt auf umweltfreundlichem, chlorfrei gebleichtem Papier
Printed in Czech Republic

ISBN 978-3-451-03012-3

Inhalt

Vorwort

Dieses Buch öffnet ein Fenster zum realen Leben heutiger Muslime, zu ihrem Alltag, ihren Konflikten, Hoffnungen und Träumen. Ein Fenster zu einem Islam jenseits der nachrichtlichen Dauerschleife von Terror und Krieg. So unterschiedlich die Kulturen im großen geografischen Bogen zwischen Hindukusch und Sahel sind: Überall spielen sich Auseinandersetzungen ab um den Weg in die Zukunft. Und oft stehen dabei Frauen im Mittelpunkt: weil sich an ihrer Rolle die Geister scheiden und weil Frauen häufig die entschiedensten Protagonistinnen der Veränderung sind, ob in Pakistan, in Saudi-Arabien oder im Jemen.

Die Berichte von meinen Reisen durch zehn islamisch geprägte Länder – meist als Autorin für DIE ZEIT – sind auch ein Plädoyer: dafür, dass wir uns bewusst werden, wie verengt unsere Wahrnehmung der sogenannten „islamischen Welt" ist – und wie wir uns selbst damit schaden. In verhängnisvoller Egozentrik starren wir fast ausschließlich auf eine kleine Minderheit von Muslimen, die uns, den Westen, zu bekämpfen scheint. Wir blenden die Mehrheiten aus, wir blenden aus, mit welcher Leidenschaft Muslime um das Gesicht ihrer eigenen Gesellschaften ringen, auch um die Rolle der Religion.

Gesellschaft? Das Wort scheint reserviert für unsere Kultur, für westliche, säkulare Zivilität – als gäbe es in islamischen Ländern keine Werte, die den unseren ähneln, keine Vorstellung von Glück, das unserem verwandt wäre. Bürger, das sind nur wir; sie sind Muslime: das Fremde, das Andere schlechthin. Dieses Buch erzählt von muslimischen Bürgern, von islamischer Zivilgesellschaft. Ich meide auf meinen Reisen die Amtsstuben und die Konferenzsäle, ich suche nach den inoffiziellen Gesichtern der Länder. In Schulen, an Universitäten, in Frauenzentren und Zeitungsredaktionen, bei Anwältinnen und Menschenrechtlern. Und zu Hause bei Familien.

Den politischen Aufbruch treiben meist nicht jene säkularen Muslime voran, die in westlicher Wahrnehmung als einzig vertrauenswürdig gelten, sondern gemäßigt Religiöse. Nahezu alle engagierten Bürger in meinen Berichten sind religiös, schöpfen aus islamischer Ethik. Die Gleichsetzung von säkular und demokratisch greift zu kurz, das zeigt sich nicht nur in der Türkei. Die „Kopftuchmädchen" haben mich in vielen Ländern Respekt gelehrt.

Nirgendwo möchten die Menschen mit ihren Regimen gleichgesetzt werden, erst recht nicht in Syrien und Libyen. Aber kaum ein Libyer fordert ein westliches Parteiensystem. Die Hinweisschilder zur Zukunft deuten eben nicht unbedingt nach Westen.

Weil wir die Heterogenität muslimischen Lebens unterschätzen, übersehen wir auch eine Modernität, die sich in Individualismus und Zerrissenheit ausdrückt. Ganz im Gegensatz zum monochromen Bild vom Gottesstaat ist der Iran zweifelsohne eine Gesellschaft: nämlich ein schwer überschaubares, anstrengendes Puzzle von Verhältnissen, Stimmungen, Beziehungen, Lebensgefühlen und Psychosen.

Je näher man sich mit der Vielfalt islamischer Lebenswelten vertraut macht, desto mehr relativiert sich die Ansicht, im Islam der Gegenwart dominierten allein rückwärtsgewandte Kräfte. Viele der Menschen, die in diesem Buch vorkommen, mögen nach hiesigen politischen Kriterien nicht progressiv sein – aber im Kontext ihrer Gesellschaft gehen sie vorwärts, suchen einen Ausweg aus der Misere ihres Landes oder ihrer sozialen Schicht. Im Norden Nigerias entstand die Forderung nach Einführung der Scharia aus der Hoffnung auf soziale Gerechtigkeit und auf eine saubere Justiz. Das Neue schlägt Funken, selbst dort, wo uns Archaisches schreckt.

Wir sind Pionierinnen, in sha' allah

Saudi-Arabien: Die Suche nach einem islamischen Weg zur Emanzipation

Die Sandsäcke da draußen, die bewaffnete Wache und die versenkbare Straßensperre, das ist alles nicht der Rede wert. Nur die übliche Angst vor Anschlägen. Das Erstaunliche ist hier drinnen: eine Redaktion, in der sich Männer und Frauen niemals begegnen.

Voilà, dies ist Saudi-Arabien.

Al-Riyadh, die größte Tageszeitung des Landes, hat zwei Eingänge; durch den einen gehen jeden Tag ungefähr 300 Männer, durch den anderen zwölf Frauen. Ihre überladenen Schreibtische und überquellenden Pinnwände sehen aus wie in jeder beliebigen Redaktion der Welt – nur verkehren diese Journalistinnen mit den Männern drüben ausschließlich per Telefon, E-Mail oder Fax. Einen Grund zur Klage sehen sie darin nicht, im Gegenteil. „Wir nutzen die Technik zu unserem Vorteil", sagt Bareah al-Zubeedy. Sie schreibt über Wirtschaft und Politik, seit 13 Jahren schon; eine Frau von unaufgeregtem Selbstbewusstsein.

Die Trennung der Geschlechter ist in Saudi-Arabien so strikt wie in keinem anderen islamischen Land, und ganz besonders strikt ist sie in Riad, der Hauptstadt. Als Europäerin, die daran gewöhnt ist, dass der öffentliche Raum allen gehört, fühlte ich mich in dieser Stadt im ersten Moment wie enteignet: Ich war nirgendwo vorgesehen. Nicht in der schönen Lobby meines Hotels, nicht in den schicken Cafés um die Ecke, nicht auf der Straße und nicht in den milden Strahlen von Riads Wintersonne. Alles Öffentliche, Offene, Luftige ist ein männlicher Ort, ein rot-weiß markierter Ort, so rot-weiß wie die arabischen Tücher der Männer.

Den Journalistinnen von „al-Riyadh" ist die Eifersucht, es den Männern gleichtun zu wollen, fremd. Und sie verspüren wenig Lust, über Geschlechtertrennung zu diskutieren. Das seien doch Äußerlichkeiten. Ihnen geht es um ihre Arbeit, um Qualität, um Anerkennung.

„Früher wollten die Männer in den Ministerien nicht einmal am Telefon mit mir reden. Vieles hat sich verändert", sagt Bareah. „Es wird heute akzeptiert, dass eine Journalistin auch draußen recherchieren muss." Eine Kollegin, die für eine Reportage fünf Tage in abgelegenen Wüstengebieten verbrachte, wurde von ihrem Bruder begleitet. Gibt es nicht für alles eine Lösung? Im Zimmer der Autorin hängt die Reportage hinter Glas, sie wurde mit einem Preis ausgezeichnet, alle stehen stolz davor, und irgendwie versteht man in diesem Moment, dass es Wichtigeres gibt als die Frage, warum sich eine gestandene Mutter von vier Kindern von ihrem Bruder begleiten lassen musste.

Die Protagonistinnen dieser Erzählung sind pragmatische Heldinnen. Sie erkämpfen sich Freiräume, wo wir gar keinen Raum sehen. Sie erwarten Respekt, nicht Mitleid. Und sie entziehen sich westlichen Stereotypen von Emanzipation. Anders als viele saudische Frauen verschleiert Bareah, die Wirtschaftsredakteurin, nicht ihr Gesicht. „Niemand kann mich dazu zwingen." Aber als ich sie hinter ihrem Schreibtisch fotografieren möchte, hängt sie sich plötzlich mehrere Lagen schwarzen Stoff übers Gesicht. Für ein Massenpublikum ausgestellt zu werden, für eine Masse unbekannter Männer, das erscheint ihr wie ein Angriff auf ihre Intimsphäre.

Als Bareah vor 13 Jahren mit den ersten Artikeln begann, war ihr Vater entsetzt: „Du verdirbst den Ruf der Familie!" Da sie nicht beeindruckt war, lief er zum Schwiegersohn: „Halte du sie zurück!" Schließlich verlangte er von ihr: „Schreib wenigstens nicht unter unserem Familiennamen!" Also zeichnete sie nur mit Erst- und Zweitnamen: Bareah Ibrahim. Später, als sie anerkannt war, besann sich der Vater. „Möchtest du nicht vielleicht unter unserem Familiennamen schreiben?", lockte er. „Warum sollte ich?", entgegnete sie. „Nun kennt man mich so."

Sie muss zu einem Termin; draußen wartet ihr Wagen, am Steuer sitzt ihr sudanesischer Fahrer. Eine Frau darf in Saudi-Arabien nicht Auto fahren. Dabei ist Riad eine Autostadt pur, ein amerikanisch anmutendes Stadtgebilde mit vier Millionen Einwohnern und schnurgeraden, überbreiten Straßen, die bis zum Horizont über ein brettflaches Wüstenplateau kriechen. Fußgänger sind hier nicht vorgesehen, und schon gar keine umherschweifenden Frauen. Eine Frau bewegt sich von Punkt A nach Punkt B mit ihrem Mann, mit ihrem Fahrer, äußerstenfalls in einem Taxi.

Das Fahrverbot produziert einen der vielen bizarren Widersprüche im saudischen Sittenkosmos: Wohlhabende Frauen verbringen jeden Tag Stunden mit einem fremden Mann auf engstem Raum. Die meisten Fahrer sind Ausländer, Gastarbeiter; aus Sicht eines saudischen Mannes zählen sie nicht ganz, verwandeln sich für die Dauer der Arbeitszeit quasi in moderne Eunuchen.

Das Fahrverbot ist plakativ, demütigender ist anderes: So alt eine saudische Frau auch werden mag, sie wird gesetzlich nie voll mündig. Will sie allein außer Landes reisen, muss sie am Flughafen auf einer gelben Karte das schriftliche Einverständnis eines männlichen Verwandten vorzeigen, in der Regel ihres Vaters oder Ehemanns. Gegen den Willen dieses sogenannten Vormunds kann sie kein Haus mieten, keinen Personalausweis beantragen, keine Operation vornehmen lassen und nicht allein in einem Hotel übernachten.

Und trotzdem gibt es Frauen, die eine Universität leiten oder einen Betrieb. Und eine hat sogar fliegen gelernt, obwohl sie nicht fahren darf.

Saudi-Arabiens erste Pilotin ist gerade in Mekka. Dort dürfen Nicht-Muslime nicht hin, also reden wir nur am Telefon. Von einem Foto kenne ich ihr Gesicht, es wirkte recht lieb; die Stimme dazu klingt rau und ein wenig burschikos. „In sha' allah", sagt sie, so Gott will, „bin ich eine Pionierin", und ehe ihre Stimme einen Punkt hinter diese Hoffnung setzt, sagt Hanadi Zakarya Hindi noch einmal: „In sha' allah." Die fromme 27-Jährige hat ihre Ausbildung in Jordanien absolviert, sie wurde finanziert vom mächtigsten Unternehmer Saudi-Arabiens, Prinz Walid bin Talal, einem Spross der Königsfamilie mit reformerischen Ambitionen. Die junge Pilotin steuert vorerst nur eine kleine Privatmaschine; wenn sie dabei die Grenze ihres Landes überfliegt, muss sie eine schriftliche Erlaubnis des Vaters dabeihaben – schließlich ist sie im Cockpit eine allein reisende Frau! Hanadi scheint sich mit solchen Abstrusitäten nicht beschäftigen zu wollen; sie ereifert sich nicht, sondern sagt nur: „Ich liebe das Fliegen. Andere Frauen werden mir folgen. Und die Zukunft wird viele Veränderungen bringen, in sha' allah."

Selbstbewusst, gebildet und hartnäckig – das ist die andere, die wenig bekannte Seite der saudischen Frauen. Etwa 400 000, rund zehn Prozent der weiblichen Erwachsenen, sind trotz aller Hindernisse berufstätig, vor allem in Schulen, Krankenhäusern und in der Verwaltung. Dort fällt die Trennung der Geschlechter leichter – und die Trennung schafft wiederum Jobs: Mädchen brauchen Lehrerinnen, Patientinnen brauchen Ärztinnen. Es gibt Geschäfte, Bankschalter, Internetcafés, Fotostudios für „Ladies only", und in Riads teu-

'r Shopping-Mall, dem „Kingdom Tower", darf eine Etage nur von Frauen betreten werden. „Das Königreich der Frauen" wird von weiblichem Sicherheitspersonal bewacht.

Aber warum überhaupt Geschlechtertrennung? Diese Frage ist nicht in einem Satz zu beantworten. Ein sexualisierter Blick auf die Frau und die geheime Angst vor ihrer Sexualität, vor ihrer Macht, das verbindet die Forderung nach Segregation in unterschiedlichen islamischen Kulturen. Doch die Lebenswelt einer Analphabetin in einem ärmlichen Bergdorf Pakistans hat wenig gemeinsam mit der einer saudischen Akademikerin. Die Frage nach der Funktion der Geschlechtertrennung führt vielmehr mitten hinein in den seltsamen, schizophrenen Charakter dieses Landes.

Als weltgrößter Exporteur von Rohöl trumpft das Königreich auf dem globalen Spielfeld durch seine ökonomische Macht. Nach innen muss sich die Monarchie hingegen religiös legitimieren, bedrängt von einer islamistischen Opposition. Diese prangert Dekadenz und Sittenverfall an: Die Königsfamilie mit ihrem Schweif von mehreren tausend Prinzen bietet dafür genug Nahrung. Unter diesen Bedingungen dient die Geschlechtertrennung dem Königshaus zur Stabilisierung seiner Herrschaft – seht her, so islamisch-fromm regieren wir! Aber das ist nur die eine Seite.

Auf der anderen Seite möchte die Regierung die Berufstätigkeit von Frauen durchaus ausdehnen, will das Reservoir der gut Gebildeten nutzen für die sogenannte „Saudisierung" des Arbeitsmarkts. Von den 23 Millionen Einwohnern des Königreichs ist jeder Dritte Ausländer, bei den Beschäftigten sind es sogar fast zwei Drittel. König Abdallah möchte diesen Zustand ändern und will „alle Talente der saudischen Nation" nutzen.

Schließlich ist da noch die liberal-reformerische Opposition; sie will mehr Teilhabe von Frauen mit mehr Demokratie für alle verbinden. Den Ultrareligiösen gehen hingegen schon jetzt die zarten Lockerungen zu weit. So zerren alle Seiten an den Frauen – mit ihrer Rolle verknüpfen sich nahezu sämtliche Fragen nach der Zukunft, nach dem künftigen Gesicht dieser zugleich verunsicherten und stoischen Gesellschaft.

Saudi-Arabien ist ein junger Staat, gegründet erst 1932. Die arabische Moderne des frühen 20. Jahrhunderts ging an der Halbinsel vorbei, etwa jene berühmte Geste einer ägyptischen Frauenrechtlerin, die sich 1922 auf dem Kairoer Bahnhof demonstrativ den Schleier vom Kopf riss.

Kurz nach der Staatsgründung bekamen die Amerikaner die erste Ölkonzession, 1939 verließ der erste Tanker mit saudischem Öl den persischen Golf. In seinem Roman *Salzstädte* hat der Schriftsteller Abdalrachman Munif beschrieben, wie mit den amerikanischen Bulldozern eine technische und materialistische Moderne in die weltabgewandten Wadis Zentralarabiens einfiel, in eine bedächtige, im schrittweisen Takt der Karawanen lebende Stammesgesellschaft, vor deren Augen binnen Tagen eine Palme, ein Brunnen, eine Kamelstute allen Wert verloren.

Riads überbreite Straßen sind in den Schneisen seelischer Verstörung entstanden.

Seither lebt der Materialismus in widersprüchlicher Koexistenz mit einem strikten Islam. Das saudische Königshaus hatte sich im 18. Jahrhundert aus machtstrategischen Gründen mit dem Wahhabismus verbunden, einer puristischen Reformbewegung. Aber erst durch Wohlstand, Verstädterung und verwestlichte Konsumgewohnheiten entstanden jene goldenen Käfige, in denen die Töchter, Ehefrauen und Mütter der Mittel- und Oberschicht aufbewahrt werden konnten – verwöhnt und behütet, kontrolliert und bewacht.

Die spiegelglatten Marmorgänge von Riads Shopping-Malls sind ihr Auslaufgehege: eine klimatisierte Halböffentlichkeit, wo schwarz-verschleierte Gestalten vor der Kulisse einer globalisierten Markenwelt eine völlig inhaltsleer wirkende saudische Identität verkörpern. Islam? Zaynab, die Tochter des Propheten, durfte auf einem Kamel von Mekka nach Medina reiten. 14 Jahrhunderte später sitzen die Urenkelinnen in den sogenannten *family sections* der Fastfood-Ketten, von der Außenwelt durch Stellwände und Milchglasscheiben getrennt, und selbst das ist streng genommen nur an der Seite des männlichen Vormunds gestattet.

Auch „Starbucks" hat eine *family section*. Wir Frauen verschwinden hinter sandgestrahltem Glas, drinnen bedienen indische Gastarbeiter. In den *family sections* gilt wie bei den Fahrern anscheinend die Eunuchenregel. Die Atmosphäre ist angenehm, junge saudische Frauen scherzen mit den indischen Männern, sie machen Riad freundlicher.

Mein Blick hinter die Stellwände, hinter die abweisende Fassade saudischen Frauenlebens begann mit dem Kauf einer *Abaya,* der schwarzen Verhüllung. In der Boutique stellten sich ungeahnte Fragen: Schmetterlings-Stil, China-Stil, Oman-Stil? Die Abaya ist zu einem Modeartikel geworden, bestickt und mit Pailletten besetzt kann sie bis zu 1500 Euro kosten. Die vielen Varianten, die jetzt selbst im strikten Riad getragen werden können, gelten als Zeichen wachsender Freiheiten; die berüchtigten Religionspolizisten halten sich zurück.

Saudische Frauen sagen: Nicht die Abaya als solche sei entscheidend, sondern wie sie getragen wird – nämlich „auf dem Kopf" oder „auf den Schultern". Das sind politische Chiffren: „Auf dem Kopf getragen" ist die Abaya ein Umhang, der die Frau zu einem formlosen Dreieck macht; so verlangen es die Ultrareligiösen. Auf den Schultern getragen gleicht die Tracht einem schwarzen Mantel und kann durchaus elegant sein.

Morgens am Tor 3 zum Frauen-Campus der König-Saud-Universität: Die Dozentinnen verschleiern sich für die wenigen Meter von ihrem Wagen bis zum Eingang. Drinnen ist die Atmosphäre wie ausgewechselt. Der Campus ist Abaya-freie Zone, wie überall, wo Frauen unter sich sind. Und plötzlich sieht man ein anderes Saudi-Arabien: Entspannt flaniert der weibliche Teil einer jungen Nation. Bildung ist das Billet in eine freiere Zukunft, das haben die Mädchen längst begriffen. Zugelassen an fünf von acht Universitäten stellen sie dort bereits eine knappe Mehrheit. Das passt nicht in unser Klischeebild von Saudi-Arabien, aber es passt zum Trend in fast allen islamischen Ländern. Nur ging hier alles besonders schnell. 1970 gab es, wenn die staatlichen Angaben stimmen, gerade einmal 313 Studentinnen, jetzt sind es 49 000, plus etwa 100 000 an Frauen-Colleges.

Sechzig Prozent aller saudischen Professoren sind weiblich. Zum Vergleich: In Deutschland sind es zwölf Prozent. Gelegentlich lauschen die Studentinnen auch männlichen Professoren. Sie sehen sie auf einem Bildschirm, Fragen werden per Telefon zum Männer-Campus übermittelt.

Als Hind al-Khuthaila 1971 zum Studium in die USA ging, erhob sich ihr Beduinenstamm in Aufruhr: ein Mädchen allein ins Ausland! Später wurde die elegante, sanfte Professorin der erste weibliche Dekan der König-Saud-Universität. Zu ihren zahlreichen Tätigkeiten gehört heute, das Bildungsniveau in den Golfstaaten zu evaluieren – aber wenn sie ein Flugticket buchen will, fragt der Mann im Reisebüro, wo ihr Gatte sei. Die Professorin erzählt davon mit Humor: Saudische Frauen lassen sich gegenüber Fremden selten anmerken, worunter sie leiden. Hind, Mitte fünfzig, wird von vielen Studentinnen verehrt, nicht nur wegen ihrer Karriere, auch wegen ihrer Aura freimütiger Gelassenheit. „Viele Frauen hier sind überbehütet", sagt sie, „das hat sie verdorben."

Gegen die ersten Mädchenschulen Zentralarabiens griffen Männer zu den Waffen; das ist erst vierzig Jahre her. Um den Widerstand zu besänftigen, stellte der König die Mädchenbildung unter die Aufsicht der Geistlichen – ein für Saudi-Arabien typischer Kompromiss. Das Arrangement zerbrach erst im März 2002, als 15 Mädchen starben: weil sie ohne Abaya nicht aus ihrer brennenden Schule fliehen durften. Das war in Mekka, der heiligen Stadt; viele im Land waren schockiert. Jetzt unterstehen die Mädchenschulen dem Staat, aber die Geistlichen haben weiterhin die alleinige Macht, zu definieren, was Frauen dürfen.

Beispiel Fahrverbot: Aus dem Islam ist das Verbot nicht abzuleiten, doch jeder Versuch, es aufzuheben, ist fruchtlos ohne den Segen der Religionsgelehrten. „Der Prophet hat gesagt: Lehret eure Kinder reiten und schwimmen. Damit waren auch die Mädchen gemeint." Die Islam-Expertin Suhaila Zain al-Abidin doziert mit erhobenem Zeigefinger über ihrem Teeglas. „Natürlich gab es damals noch keine Autos. Aber jede Art des Transports ist für Frauen erlaubt." Die Verfasserin von neunzig Büchern und Broschüren über den Islam verbindet den äußerlichen Habitus der frommen Muslimin – ungeschminkt und mütterlich – mit einer unschlagbaren Kenntnis aller frauenrelevanten Textstellen.

Suhaila wurde als Tochter eines Religionsgelehrten in Medina geboren, irgendwann in den vierziger Jahren, das wurde damals nicht so genau notiert. Sie lernte bis zur Universitätsreife nur zu Hause: Es gab noch keine Oberschule für ein Mädchen, und ihre Mutter hat überhaupt keine Schulbildung. Später ging Suhaila nach Kairo, studierte an der islamischen Azhar-Hochschule, wurde selbst eine anerkannte Religionsgelehrte. „Alle unsere Probleme resultieren aus unserer Kultur, aus unserer Tradition", sagt sie. „Aber die Männer manipulieren, sie erklären die Sitten zum Bestandteil der Religion. Und die Regierung will weder mit den Geistlichen noch mit den Islamisten einen Konflikt riskieren."

Viele Frauen können einen Wagen steuern; sie haben heimlich in der Wüste geübt. Dörflerinnen dürfen stillschweigend sogar fahren, weil sie Gemüse und Ziegen zum Markt bringen müssen. Warum also fügen sich Millionen Städterinnen dem absurden Verbot?

Am 6. November 1991 setzten sich 47 Frauen in Riad hinters Lenkrad und fuhren im Konvoi durch die Stadt. Es war die erste Frauenaktion der saudischen Geschichte – und bis heute die letzte. Die Veteraninnen treffen sich an jedem Jahrestag; keine von ihnen konnte mehr Karriere im Regierungsdienst machen, erzählt die Pädagogin Fauziah Albakr. Sie hatte zeitweise Arbeitsverbot an der Universität, auch Reiseverbot. „Wir sind abgestempelt als die Ex-Fahrerinnen." Besonders abschreckend habe die Veröffentlichung ihrer Namen gewirkt, die Bloßstellung. „Das hat manche Frauen mehr getroffen als die beruflichen Nachteile. Unsere ganze Erziehung zielt darauf, dass wir uns an Normen halten und den Familiennamen nicht gefährden. Keine Frau will etwas als Erste tun."

Oft sind es sogar Frauen, die am vehementesten jene Traditionen verteidigen, die sie fesseln. Einer Petition für die Aufhebung des Fahrverbots folgt sogleich eine dagegen, ebenfalls von Frauen. Verschleierte rügen Bargesichtige im Vorübergehen mit dem Satz: „Möge Gott dir deine Sünden vergeben." Vierzig Prozent der Privatvermögen gehören Frauen; sie hätten viel Macht, wenn sie einheitlich handelten. Sie tun es nicht. Und so setzen die Vorkämpferinnen für Frauenrechte ihre Hoffnung vor allem auf einen alten Mann: auf den König Abdullah. Als er im Jahr 2005 den Thron bestieg, traf er sich bald darauf mit Akademikerinnen, mit Schriftstellerinnen und Journalistinnen, das war ein unübersehbares Signal.

Wie schwarze Stoffpakete sitzen komplett verschleierte alte Frauen auf den Wartebänken am Eingang eines Krankenhauses. Die „King Abdulaziz Medical City" im Osten Riads ist ein weitläufiger Komplex mit 5000 Beschäftigten. Die betagten Patientinnen auf den Bänken kommen vom Dorf, ihr Dialekt ist schwer verständlich. Vor der Kulisse ihrer Unbeholfenheit fällt auf, welch eine andere Welt die jungen Expertinnen im Krankenhaus verkörpern. Sie heißen Patientenbetreuerinnen und helfen den Alten, die moderne Medizin zu verstehen. Sie haben Sozialarbeit, Psychologie oder *Health Administration* studiert, sie schultern die Doppelbelastung berufstätiger Mütter und finanzieren mit einem Teil ihres Gehalts ein Hausmädchen.

Die Tür zum Büro der Patientenbetreuerinnen steht offen, damit die Hemmschwelle für Ratsuchende niedrig ist. Hinter der offenen Tür steht jedoch ein Sichtschutz: damit vorbeigehende Männer nicht in das Büro der Frauen blicken können. Zur Mittagszeit hat ein Kollege Essen in einem Restaurant besorgt; er stellt die Tüten vor dem Sichtschutz ab, von dem freundlichen Helfer sehen die Frauen drinnen nur einen rot-weißen Tuchzipfel. Kurz darauf kommt jemand, der ein Telefon reparieren soll: Er klopft, ruft vor dem Sichtschutz laut sein Begehr, erst dann darf er eintreten.

Eine geschlechtergetrennte Arbeitswelt, wo sich die Geschlechter dennoch begegnen, ist eine schwierige Angelegenheit. Uns mögen ihre Regeln absurd erscheinen, doch es gibt Momente, in denen ich Respekt empfinde vor der

Disziplin und der Hingabe, mit der Männer und Frauen diese Regeln einhalten. Später wird eine Studentin auf meine Frage, welche Qualitäten ihr künftiger Ehemann haben solle, antworten: „Ich möchte einen Mann, der anklopft. Das meine ich wörtlich." Anklopfen bedeutet: die Sphäre der Frauen respektieren, nicht zudringlich sein.

Bitte anklopfen!, steht auf dem Zettel, den Ghada, eine Assistentin, an ihre Bürotür im Krankenhaus geklebt hat. Ihre Chefin ist eine Frau, die Direktorin des Sozialdienstes, und die Abteilung ist gemischt. Oh, das ist kompliziert! Denn zwischen dem Zimmer von Ghada und dem Büro ihrer Chefin liegt ein „Männerflur"; er misst zwar nur drei Meter, aber jedes Mal, wenn die zierliche Assistentin hinübersprintet auf ihren weichen Plateausohlen, schlägt sie für die drei Meter Flur ihren schwarzen Gesichtsschleier hinunter. Zurück im eigenen Zimmer fliegt der Schleier, zack, wieder hoch, er ist hinderlich, wenn sie flink etwas in den Aktenmappen sucht. Bevor sie wieder zurückflitzt, kann man gerade noch fragen, wie oft sie den Schleier am Tag hoch- und runterklappt, sie strahlt und ruft „Eine Million mal!", und zack, Tuch runter, ist sie wieder auf dem Flur.

Welche Energie manche Frauen aufbringen, um ihre Berufstätigkeit mit ihren Vorstellungen von Sitte und Anstand zu vereinbaren!

Samiha al-Haydar, die Direktorin des Sozialdienstes, empfängt mich mit einer spitzen Bemerkung: „Dass ich eine gemischte Abteilung leite, ist sicher für Sie aus Deutschland besonders wichtig." Die ewige Unterschätzung der saudischen Frauen! „Wir haben noch kein Modell für unsere Emanzipation", sagt sie, „aber wir haben eine Identität, und das westliche Modell passt nicht zu uns." Umstandslos kommt sie dann zu ihrem wichtigsten Thema: häusliche Gewalt. Immer wieder landen in der Ambulanz des Krankenhauses schwer misshandelte Frauen. Acht Jahre rang Samiha mit den Behörden, dann konnte sie den ersten saudischen Kriseninterventionsdienst einrichten. „Das ist mein Beitrag zur Modernisierung des Landes." Oft schämten sich die Frauen, Hilfe zu suchen. „Weil es den Familiennamen beflecken würde. Als Mütter haben sie Angst, dass später niemand ihre Kinder heiraten will."

Gerade ist eine Lehrerin eingeliefert worden: Ihr Mann hat ihr zwei Finger abgehackt, Schlimmeres verhütete das Eingreifen des Sohnes. Die Lehrerin war die Haupternährerin der Familie; wie in anderen Ländern sind in Saudi-Arabien Umbrüche in der Rollenverteilung eine Ursache für Gewalt. Die soziale Realität deckt sich oft nicht mehr mit der offiziellen saudisch-islamischen Definition: Danach soll der Mann für den ganzen Lebensunterhalt der Familie aufkommen; die Frau darf berufstätig sein, sofern sie ihre Mutterpflichten nicht vernachlässigt – und dann kann sie ihr Einkommen für sich allein behalten. Aber viele junge Männer bleiben heute lange ledig, weil sie keine Stelle haben, und manche Eltern drängen dann den widerstrebenden Sohn in die Ehe mit einer der 50 000 Lehrerinnen des Landes.

Zum prominentesten Opfer männlicher Gewalt wurde eine Fernsehmoderatorin. Sie tat etwas bis dahin Undenkbares: Sie ließ aus dem Krankenhaus das Foto ihres Gesichts veröffentlichen. Es war durch Knochenbrüche völlig entstellt. Ihr Mann hatte sie halb tot geschlagen. Bevor sie das Bewusstsein verlor, befahl er ihr, das islamische Glaubensbekenntnis zu sprechen: ein Sterberitus.

„Es gibt aufseiten der saudischen Männer eine massenhafte Fehlinterpretation des Koran", sagt der Psychologe Turki al-Otayan. Er lehrt an der nationalen Polizeiakademie und hat Pilotstudien zu häuslicher Gewalt betrieben. „Ich weiß, das ist ein ungewöhnliches Thema für einen Mann.

Aber ich sorge mich um meine Gesellschaft." Die Saudis müssten endlich begreifen, „dass sie nicht einzigartig sind", sagt Turki. „Wir haben ähnliche Probleme wie alle anderen Leute auf der Welt." Vierzig Prozent der saudischen Ehen werden nach spätestens drei Jahren geschieden.

Teilhaben, ohne sichtbar zu sein. Das ist die Rolle der Frauen beim „Nationalen Dialog". Ein Demokratieversuch, das einzige Forum, wo sich alle Strömungen im Königreich die Meinung sagen, von liberalen Reformern bis zu religiösen Fanatikern. Beim ersten Dialog vor einigen Jahren war noch keine Frau dabei, dann durften zehn mitreden, nun sitzen 35 Männer und 35 Frauen – nein, eben nicht zusammen. Sie sitzen getrennt, in zwei Sälen.

Eine Vorbereitungskonferenz: Im Frauensaal sehen wir die Männer auf einem großen Bildschirm. Sie sehen uns nicht, bei uns ist keine Kamera installiert, nur Mikrofone. Wenn die Männer auf ihren Bildschirm blicken, sehen sie sich nur selbst – irgendwie symbolisch. Ob sie realisieren, dass sie dennoch nicht alleine sind? Der Vorsitzende eröffnet *bismillah* („im Namen Gottes") die Konferenz, er begrüßt auch die Frauen, die er nicht sieht. Die zeigen Dekolleté und freie Schultern, wir sind ja unter uns.

Durch unseren Saal geht eine Kellnerin mit einem Riesentablett Schokotäfelchen, auf dem Bildschirm sehen wir den Rücken einer männlichen Bedienung; ob es im Männersaal auch Schokotäfelchen gibt, ist nicht zu sehen. Nun werden Referate gehalten, abwechselnd von Frauen und Männern. Wenn eine Frau spricht, zeigt der Bildschirm Männer, die in ihren Papieren kramen, dazu hört man die weibliche Stimme. Auch im Fernsehen wird abends diese Bild-Ton-Schere klaffen. Die meisten Teilnehmerinnen empfinden ihre Unsichtbarkeit nicht als Missachtung. „Wir wollen nicht extrem sein, auch nicht in der äußeren Form", sagt eine von ihnen. „Wir müssen die ganze Gesellschaft mitnehmen."

Es war bei einer der vergangenen nationalen Konferenzen, als Wafa Rashed plötzlich diesem Ultrareligiösen gegenübersaß. Er war nur auf dem Bildschirm, aber sonst sah sie solche Bärtigen nicht derart nah, von Auge zu Auge. Er schien direkt zu ihr zu sprechen, er schüttete seinen Hass aus auf Frauen wie sie, westlich gebildete Frauen, die Saudi-Arabien zerstörten mit ihrem Zynismus und dafür vom Westen bezahlt würden. Wafa Rashed, 35, mit einem Pariser Diplom in internationaler Politik, war rein zufällig die nächste Rednerin. Die Männer sahen sie nicht, sie hörten nur eine Stimme, und die Stimme war kloßig von Tränen und von Wut. Sie sei noch nie so beleidigt worden, sagte Wafa. Und dann fuhr sie fort: Nicht Frauen wie sie, sondern Männer wie dieser Bärtige würden das Land zerstören, indem sie den Terrorismus züchteten.

Alle schrieben über sie; zum ersten Mal hatte eine Frau auf offener Bühne einem Islamisten Contra gegeben. „Der Mann hatte einen Doktor", erinnert sich Wafa, „und er war für die Ausbildung von Lehrern zuständig. Von Lehrern!" Wir sitzen in ihrem lichten Büro bei den Vereinten Nationen in Riad; hier wird „gemischt" gearbeitet, eine Insel der Freizügigkeit. Männer durchqueren das Büro, und Wafa, in einer halbärmeligen Bluse, zuckt nicht mit der Wimper. Die junge Frau, die ihr ein Papier hereinreicht, ist eine Prinzessin, genauso unverschleiert. Manches tut sich stillschweigend im Königreich. Wafa ist dezidiert demokratisch: „Wir brauchen eine konstitutionelle Monarchie. Und wenn die Islamisten die erste Wahl gewinnen, dann müssen wir durch diese Phase eben durch."

Wenn junge Saudis ein Mobiltelefon kaufen, fragen sie zuerst: Hat es Bluetooth? Bluetooth erlaubt unkontrolliertes Flirten, und das geht so: Der junge Mann hampelt zum Beispiel vor einem Auto herum, er gestikuliert durch die Scheibe, das Mädchen drinnen solle ihr Bluetooth aktivieren, damit er ihr seine Telefonnummer schicken kann. Die verschleierte Schöne im Auto haucht: „Ich bin nicht so eine!", aber dass er draußen weiterhampelt, gefällt ihr doch sehr: „Vielleicht hat er sich in mich verliebt."

Flirten über Bluetooth, Konferenzen in zwei Sälen – mithilfe der Technik wird Geschlechtertrennung zugleich aufrechterhalten und unterlaufen. Ist das ein Übergangsstadium? In der Zukunft werde es viel mehr Mischung geben, prophezeit eine saudische Arbeits-Expertin. „Aber die Frauen müssen sich dann besonders verantwortlich verhalten. Sie müssen sorgsam auf ihren Ruf achten, oder sie schaden allen." Der Geschlechtertrennung liegt eine anthropologische Annahme zugrunde, die viele saudische Frauen zu teilen scheinen: Die Frau verkörpert nach diesem Menschenbild eine ständige Versuchung, und der Mann ist nicht Herr seiner Triebe.

Aura ist ein schwer zu übersetzender arabischer Begriff, er bedeutet Scham, Blöße oder Geschlechtsteil, meint jedenfalls „das zu Verbergende" an einer Frau, und je mehr von der Frau *aura* ist, desto radikaler – vereinfacht gesagt – der Islam. Danach lassen sich die ultrareligiösen Oppositionellen im Königreich sortieren. Radikale Islamisten wollen gar keine Frauen in der Öffentlichkeit; sie schrien auf, als sich König Abdallah bei seinen Treffen mit Frauen filmen ließ. Selbst die weibliche Stimme in Radio oder Fernsehen ist ihnen ein Graus.

Gemäßigten Islamisten geht es indes wie Ahmed. Er ist Religionspolizist, aber einer von der freundlicheren Sorte. Er möchte mehr Demokratie im Land, aber auch zurück zu mehr Geschlechtertrennung; dass beides nicht zusammen geht, ahnt er selbst. So macht er sich Regeln, an denen er sich festhält auf schwankendem Grund: Frauen sollen nur im Fernsehen arbeiten, wenn Männer dafür nicht zur Verfügung stehen; es müsse „nötig" sein, sagt er. Als ich während unseres Gesprächs die Tür seines Büros schließen will, weil auf dem Flur mit viel Lärm geputzt wird, breitet sich im Gesicht des Bärtigen heftiges Unbehagen aus. Allein mit einer Frau?! Ich sehe, wie es in ihm arbeitet, und plötzlich hellt sich seine Miene auf. Er hat eine Lösung gefunden: „Wenn es für Ihre Arbeit nötig ist, bitte sehr!" Vielleicht kann nur Sachzwang von sexuellen Schuldgefühlen entlasten.

Besuch bei einer Familie. Eine ummauerte Villa. Der Herr des Hauses hat mich im Auto hierhin gebracht, nun klopft er an den Fraueneingang und zieht sich sofort zurück, ohne einen Blick hineinzuwerfen – denn es sind auch Besucherinnen aus der Nachbarschaft anwesend, und drinnen ist Abaya-freie Zone. Ein riesiges Frauenwohnzimmer; nach arabischer Sitte ziehen sich die Sitzgelegenheiten an den Wänden entlang, in der Mitte ein Großfernseher. Aus der Küche, die bis zur Marke des Tomatenketchups amerikanisch anmutet, strömen in dichter Folge die Beweise arabischer Gastfreundschaft auf mich ein: Tee, Kaffee, süße Säfte, kandierte Datteln, Obstsalate, schwere Torten.

Die jungen Frauen in der Runde sind modisch gekleidet und sehr religiös, sie haben in Saudi-Arabien studiert, nicht im Westen. Sie möchten wählen dürfen und Auto fahren, doch die strikte Geschlechtertrennung soll bleiben; sie sei ein religiöses Prinzip und besser für die Frauen. Mehr Demokratie? Ja, aber bloß nicht weniger Islam! Man sehe doch in der Türkei, wohin Verwestlichung führe: zum Verbot des Kopftuchs! „Ich spüre den Druck aus dem Westen, dass die saudischen Frauen alle Berufe ausüben sollen", sagt die 26-jährige Lehrerin Seham. „Aber auch wenn wir uns nicht frei fühlen: Die Veränderung darf niemals von außen kommen."

Seham strahlt einen Trotz aus, der sich ebenso gegen den Westen richtet wie gegen die eigene Kultur. In der *family section* eines Fastfood-Restaurants erzählt sie mir anderntags, bis über die Augen verschleiert, ihre persönliche Geschichte. Es sei eine Geschichte mitten aus dem Herzen Saudi-Arabiens. Den Cousin, den sie liebte, durfte sie nicht heiraten; er war sechs Monate jünger, und der Mann hat der Ältere zu sein. Auf Geheiß des Vaters verlobte sie sich mit einem anderen, aber sie konnte ihn nicht ausstehen, und nach zwei Jahren war Schluss. Nun drängte der Vater sie in die Ehe mit einem frommen Dattelverkäufer. „Er hält die Landung auf dem Mond für eine Lüge der Amerikaner", sagt Seham tonlos. „Und er will, dass ich die Abaya auf dem Kopf trage." Als er ihr eine Liste gab mit allem, was sie binnen fünf Tagen zu unterlassen habe, verlangte sie die Scheidung. Nun lebt sie wieder im Elternhaus.

„Ich bin so wütend", sagt Seham. „Ich bin 26 Jahre und kann keine einzige Entscheidung über mein Leben treffen. Ich verstehe sehr gut, dass es Terroristen gibt."

Ausflug in die Wüste. Ein Bruder von Seham sitzt am Steuer, er hat keine Lust, aber ein Mann muss uns ja fahren. Eine große Familienkutsche voller Frauen und Kinder, mit Klimaanlage und Allradantrieb. Unser Ziel ist ein Picknickgebiet nordöstlich von Riad. Sehams Mutter ist sehr besorgt, den richtigen Fleck Wüste auszuwählen. In Saudi-Arabien ist alles kompliziert: Es darf kein Platz sein, wo ringsum nur Männer picknicken, es muss ein Flecken mit Frauen und Kindern sein, selbst die Wüste hat quasi *family sections*. Denn sonst, sagt die Mutter, drohe Gefahr, eine der

Töchter könne vergewaltigt werden, „und niemand hilft uns". Auf einem sicheren Platz wird ein Teppich entrollt, wir essen Bonbons, Donuts und Chips, umgeben von den Plastiktüten des Supermarkts.

„Gib mir den Wagenschlüssel", ruft Seham ihrem Bruder zu. Der Höhepunkt des Ausflugs! Sie sitzt lässig zurückgelehnt am Steuer, der Schleier ist hinuntergerutscht, ihre kurzen Haare zeigen blonde Strähnchen, sie dreht die Musik hoch, eine selbstgebrannte CD, zu sinnlich, um legal zu sein, und dann gurken wir über die bucklige, rötliche Erde, auch die Sonne ist rot, gleich wird sie untergehen. Ein paar Kilometer Freiheitsromantik, dann zurück zur Mutter, sie wartet schon, auf dem Teppich zwischen den Plastiktüten.

Nach zehn Tagen in Riad: Atemnot, Bewegungshunger. Kein Sportplatz für Frauen im Freien. Nur eine schnurgerade Pflasterstrecke zum Marschieren mit Abaya, im Volksmund „Straße der schwangeren Frauen" genannt. Nicht weit davon entfernt kreischen nachts die Reifen der männlichen *Joyrider*. Haben auch sie Atemnot? Aus dem Fenster des Hotelzimmers fällt mein Blick auf einen Swimmingpool: Nur für Männer.

Die Plüschlobby des Hotels ist ein beliebter Treffpunkt in Riad, sie wirbt mit dem Slogan „Sehen und gesehen werden". Natürlich gilt der Slogan nur für Männer. Mit ihren rot-weißen Tüchern füllt und leert sich die Lobby im Takt der Gebetszeiten. Ganz Riad ist diesem Rhythmus von Ebbe und Flut unterworfen, zur Gebetszeit muss jedes Restaurant, jedes Café, jeder Bankschalter schließen. Auch die freundlichen Inder in der *family section* von „Starbucks" werfen mich hinaus. Dem verordneten ständigen Öffnen und Schließen fehlt jede spirituelle Anmutung. Entfallen ist der eigentliche Sinn des mehrmaligen Gebets: Dass sich der Gläubige aus eigenem Willen von allen irdischen Geschäftigkeiten löst und – Allahu akbar, Gott ist größer als alles – mit diesem Schritt auch innere Freiheit gewinnt.

Abreise ans Rote Meer, an die Westküste, nach Jeddah. Im Flugzeug Stewardessen! Der saudische Mann mag es, wenn ihm eine hübsche Frau lächelnd einen Mangosaft serviert, aber die eigene Tochter oder Schwester soll sich dafür nicht hergeben, folglich sind die Stewardessen aus Jordanien, dem Libanon, den Philippinen.

Auf dem Sitz neben mir küsst eine alte Beduinin durch ihren Gesichtsschleier hindurch das Mekka-Foto im Airline-Magazin. Was für ein Land!

Saudi-Arabien ist nicht homogen, war es nie. Groß sind die kulturellen Unterschiede zwischen den Regionen, zwischen den Küsten und jenem lange isolierten Inneren der Halbinsel, wo Riad liegt. In Jeddahs Hafen kamen über Jahrhunderte die Mekka-Pilger an; eine tropisch-feuchte Stadt der Händler, sie wurde geprägt vom internationalen Austausch, lange bevor der Staat Saudi-Arabien gegründet wurde.

Durch die Straßen weht eine andere Atmosphäre: Frauen zu Fuß, kaum Gesichtsschleier, gelegentlich sogar unbedeckte Haare und gewagte Abayas. Auf dem Rücken eines Modells steht in pinkfarbener Glitzerschrift: „My boyfriend is back & I'm going to be in trouble!"

3000 Betriebe sind in Jeddah auf Frauen eingetragen; die Geschäftsfrauen der Stadt sind bekannt für ihr Selbstbewusstsein. Und heute ist ein historischer Tag: Zum ersten Mal stehen in Saudi-Arabien Frauen zur Wahl! Was sie bei den Kommunalwahlen im Jahr 2005 noch nicht durften, proben sie nun ein Jahr später bei der Wahl zum Vorstand der Handelskammer. Dem anzugehören bedeutet Titel und Einfluss. In einem Land, wo es weder Arbeitgeberverbände noch Gewerkschaften gibt, ist die Handelskammer die mächtige Vertretung der Business-Welt; sie residiert in Jeddah hinter der glitzernden Glasfassade eines elfstöckigen Atriumbaus.

Vor dem Seiteneingang stehen die obligatorischen Stellwände gegen männliche Blicke. Drinnen aufgeregtes Stimmengewirr, die Luft ist schwer von Parfüm, über allen Stuhllehnen hängen Abayas. 17 Kandidatinnen sitzen aufgereiht hinter Tischchen mit Wahlkampfmaterial, Helferinnen mit Baseballkappen stürzen sich auf jede eintretende Wählerin. Gewählt wird nach Geschlechtern getrennt, aber die Frauen brauchen später auch Stimmen von Männern; die stellen zehnmal mehr Mitglieder in der Kammer.

Die Lust am Aufbruch ist unterlegt von der Angst zu scheitern. Zum Gruppenfoto hüllen sich alle Kandidatinnen sorgsam in Abayas und Schleier, „Halt, noch nicht!", manche nesteln noch an ihren Tüchern. Nichts darf passieren, bloß keine Zwischenfälle provozieren! Zwei reaktionäre Scheichs im fernen Riad haben die Frauenwahl für *haram* (islamisch verboten), erklärt.

„Dies ist ein Test", sagt die Unternehmerin Madawi al-Hassoun, „sind die Frauen so weit? Ist die Gesellschaft so weit? Wenn alles gelingt, können wir die nächsten Schritte wagen." Madawi handelt mit Möbeln, Antiquitäten, besitzt Schönheitssalons; sie war früher die erste Bankmanagerin des Landes, nun war sie hier die erste Kandidatin. Eine wohlhabende Karrierefrau, große Limousine, zwei Dienstmädchen, teure Abaya. Und doch ist sie aufgeregt wie ein junges Mädchen über das Wagnis dieser Wahl. „Mein Bild war auf den ersten Seiten der Zeitungen. Ich war so stolz! Eine saudische Frau auf der ersten Seite!"

Jede der Kandidatinnen in diesem parfümschwangeren Saal hat eine Geschichte zu erzählen, Geschichten von Diskriminierungen, Rückschlägen und Neuanfängen, und immer bedarf der Erfolg eines toleranten Vaters oder Gatten im Hintergrund. „Eine Frau kann in Saudi-Arabien viel erreichen", sagt eine Bauunternehmerin. „Aber es ist hart, sehr hart. Es ist, als ob du versuchst, deinen Namen mit bloßen Fingern in Stein zu ritzen."

Draußen beginnt abends der Wahlgang der Männer. Sie haben ein großes Zelt aufgebaut, es ist voller rot-weißer Silhouetten vor weißen Tischdecken; jemand hält einen Vortrag, und alle sitzen da in der ruhigen Würde derer, die immer schon den öffentlichen Raum beherrschten.

Ein paar Tage später werden die Frauen wissen: Zwei ihrer Kandidatinnen haben es in den Vorstand geschafft. Ein Meilenstein!, jubelt die Zeitung *Arabnews*. Doch eine Party findet nicht statt. „Wir sind froh, wenn alles ohne Zwischenfälle vorüber ist", hatte Madawi al-Hassoun gesagt. „Wir feiern leise, in unseren Herzen."

So gleich „wie die Zähne eines Kamms" seien die Menschen, hat der Prophet gesagt. Die Gesellschaft im Königreich ähnelt eher einer steilen Treppe, auf deren absteigenden Stufen acht Millionen ausländische Gastarbeiter stehen, weiter oben die anderen Araber, weiter unten die Asiaten, ganz unten die indische Klofrau. Im Verborgenen: eine Million asiatische Hausmädchen. Auf dem Pflaster von Jeddahs Altstadt sitzen Händlerinnen und Bettlerinnen aus Somalia, Burkina Faso, Äthiopien, sogar aus dem fernen Dagestan. Welch ein Kontrast zum saudischen Ideal der umsorgten und moralisch behüteten Frau: die Migrantin, unbehütet, unbehaust. Manche von ihnen prostituieren sich; viele saudische Männer scheinen das von einer Ausländerin zu erwarten.

Die Philippinin Rossanda ist eine Migrantin anderer Art; sie ist Fotografin, arbeitet in einem „Ladies only"-Fotostudio und erzählt aus der Distanz einer anderen Kultur. Ihre saudischen Kundinnen wollten verschönert werden, „bis sie aussehen wie Puppen". Falten weg, Wimpern länger, Kinn straffer, Taille schmaler. Die Philippinin retuschiert auf Bestellung, die Fotos sehen nachher aus wie Gemälde von üppigen orientalischen Schönheiten. Rossanda fotografiert auch auf Hochzeitspartys: die Frauen sexy aufgedonnert, mit Dekolletés, die fast die Brustwarzen zeigten, und durchsichtigen Röcken. Sie sähen fast aus wie Prostituierte, meint Rossanda. Niemand außer der Familie dürfe die Fotos sehen.

Gibt es keine armen saudischen Frauen? Doch. Um sieben Uhr morgens fahren bei „Jamjoom Medical Industries" kleine weiße Werksbusse mit geschwärzten Scheiben vor, nicht einsehbar. Verschleierte steigen aus, hinter ihnen schließt sich sofort ein massives Eisentor. Drinnen tauschen die jungen Frauen die schwarze Abaya gegen einen weiten, weißen Overall, darüber ein knöchellanger Kittel, damit selbst von den plumpen Körperkonturen im Overall nichts zu sehen. Ihren Gesichtsschleier behalten die Frauen an, darüber streifen sie einen weißen Kopf- und Mundschutz. Derart doppellagig verpackt, Scham wie Hygiene wahrend, arbeiten sie die nächsten acht Stunden im Akkord, stecken lila Schläuche für Infusionen zusammen, 5000 am Tag.

Saudische Frauen in einer Fabrik, das ist neu, ein soziales Experiment. Die Eltern wurden zur Inspektion eingeladen; sie sahen beruhigt, wie züchtig bedeckt die Töchter sind. Deren Arbeit verrichteten vorher männliche Gastarbeiter, sie waren billiger, doch die Frauen sind schneller und fingerfertiger, außerdem belohnt der Staat im Rahmen seines Saudisierungs-Programms Firmen, die Einheimische beschäftigen.

Mohamed Kamal Jamjoom, der Fabrikbesitzer, könnte also zufrieden sein, doch er wirkt zerrissen. Schockiert erzählt er, dass sich auf eine erste winzige Stellenanzeige gleich 150 Bewerberinnen meldeten. „Ich habe nicht geahnt, wie viele saudische Frauen verzweifelt Arbeit suchen." Seine eigenen Töchter, fährt er unvermittelt fort, schöben Heirat und Mutterschaft auf. „Mir tun die Männer leid, deren Frauen keine Zeit mehr für sie haben. Das Hausmädchen kocht, niemand ist da, du fühlst dich wie ein Gast in deinem eigenen Haus! Alles gerät außer Kontrolle. Wir verändern uns von einer familienbezogenen Gesellschaft zu ...", er stockt, ihm fehlen die Worte, dann reißt er die Arme hoch und ruft „Wumm!", eine Explosion imitierend.

Saudi-Arabien, das uns so statisch erscheint, verändert sich für seine Bewohner so rasant, dass manchen schwindelt.

Auf den Bildern der Malerin Hanan al-Faisal sind die Silhouetten der Frauen zerbrochen; in dunklen Öltönen das Vergangene, die Zukunft ist weiß, unbekannt, noch leer.

Ein Bild malte Hanan morgens um sieben. Vorher hatte sie sich im Schutz der Dunkelheit ans Steuer ihres Autos gesetzt, sie war zum Haus ihres geschiedenen Mannes gefahren und hatte ihre beiden Töchter gestohlen, zurückgestohlen. Dann malte sie. Ihre Bilder handeln von Entscheidungen, sagt Hanan, „und von der Furcht, die uns abhält, sie zu treffen".

Die männlichen Silhouetten sind schwarz, isoliert, wie eingesperrt.

Paradoxe Identitäten

Iran: Eine psychologische Reise durch den doppelbödigen Alltag

Die Nasen. Etwas stimmte nicht mit ihnen. Zu sehr ähnelten sie einander, sie waren gleichmäßig klein, hübsch und charakterlos.

Die jungen Frauen im Teheraner „Café Brasillia" trugen eng taillierte Blusenkleider, einen Hauch von Schal über dem Haar und dazu diese seltsamen Stupsnasen. Das „Café Brasillia" war ein Treffpunkt der Jeunesse dorée aus dem wohlhabenden Teheraner Norden; die Mädchen rauchten, die jungen Männer klackerten mit ihren Wagenschlüsseln, und alle wirkten auf routinierte Weise gelangweilt.

Die falsche Nase schien ein Accessoire dieser Szene zu sein, wie der Wagen, das Mobiltelefon und der Überdruss.

Am Vanak-Platz häuften sich die Schilder von Arztpraxen: „Haut, Haare, Schönheit, Plastische Chirurgie". Junge Iranerinnen mit einem Pflasterverband auf der Nase bummelten an Schaufenstern vorbei, es war keine Schande, eine operierte Nase zu zeigen, im Gegenteil. Das Pflaster war ein stolzes Signal: Seht her, ich kann es mir leisten. Eine neue Nase kostet zwei bis drei Monatsgehälter eines Lehrers, und dafür würde man nur eine Nase von der Stange bekommen, eine Standardkorrektur.

Der suchende Blick einer Frau glitt über die Ärzteschilder. Nase? Nein, Brust, antwortete sie ohne Zögern. Neun Lehrergehälter. Die Frau trug über ihrem suchenden Blick bereits künstliche Augenbrauen, sie waren tätowiert.

Je weiter du von Teheran weg bist, desto größer werden die Nasen, spotten Iraner. Tatsächlich begegneten mir in

Dörfern später alte Frauen, die das schwarze Schleiertuch so vollständig um sich herumgezogen hatten, dass nur eine stattliche orientalische Nase aus dem Stoff ragte. Aber auch unter einem Tschador kann eine perfekt manikürte Hand zum Vorschein kommen. Der Wunsch nach Schönheit, nach makelloser Schönheit ist groß in diesem Land, und er wird nicht geringer, je länger sich die bleiernen Zeiten der Islamischen Republik dahinschleppen. Eine Nase ist leichter zu korrigieren als ein politisches System. Kleine Fluchten, 1001 kleine Fluchten.

Teheran überraschte mich durch seine Modernität; es war nicht etwa die Modernität von Waren, von Geschäften oder einem sich stauenden Verkehr. Sondern mich überwältigte in den ersten Stunden der Eindruck von Vielfalt, von Individualismus und Zerrissenheit. Ganz im Gegensatz zu unserem monochromen Bild vom sogenannten Gottesstaat war dies zweifelsohne eine Gesellschaft im modernen Sinne: ein unüberschaubares, anstrengendes Puzzle von Verhältnissen, Stimmungen, Beziehungen, Lebensgefühlen und Psychosen.

Im Vergleich zu anderen Metropolen der islamischen Welt fällt ausgerechnet in der Hauptstadt der Islamischen Republik als Erstes die Abwesenheit von Religiosität auf. Kaum ein Gebetsruf ist zu hören in dieser 14-Millionen-Stadt; nur selten sah ich eine spontane fromme Geste. Das Freitagsgebet fand auf dem Campus der Universität statt. Das ist in Teheran ein politischer Ort; wer dort hinging, wollte gesehen werden. Vom Frauensektor aus war der Prediger nur zu hören, nicht zu sehen, ein politisch hochrangiger Geistlicher, er sprach über Irans Nuklearprogramm. Die Männer murmelten eine religiöse Formel der Zustimmung, bei den Frauen blieb es still. Eine ältere Aufseherin begleitete mich nach dem Gebet zum Ausgang und sagte unvermittelt: „Wenn ich keine Verantwortung für meine Familie hätte, dann würde ich ein Stück Brot einpacken, reisen und mir die Welt ansehen."

Der Iran sollte sich noch öfter als ein Land unvorhersehbarer Sätze erweisen.

Von hohen Hauswänden fiel der durchdringende, dunkle Blick von Imam Khomeini hinab auf die achtlos dahineilenden Passanten. Der verstorbene Gründer der Islamischen Republik wuchs auf den Gemälden wie ein Riese aus Feldern roter Tulpen, so rot wie das Blut der Märtyrer. Ausländischen Beobachtern gilt die Zahl der Märtyrerbilder als Barometer für den Machtanspruch des Regimes über die Gesellschaft. „Ach", sagte eine Teheranerin, „wir sehen diese Bilder gar nicht mehr. Sie sind für uns wie Bäume." Poetische Worte für die bleiernen Zeiten.

Meistens war die Luft voller Geschimpfe. So schimpft, wer sich in der Mehrheit weiß. Wer war schuld am schlechten iranischen Fußball? Die Mullahs. Wer war schuld am Verkehrsstau? Die Mullahs. In einer Bäckerei knetete der Bäcker den Brotteig mit einer Zigarette im Mund, von der die Asche in den Teig fiel; als sich eine Kundin darüber beschwerte, rief der Bäcker lauthals: „Es gibt aber auch gar keine Freiheit in diesem Land!"

Schimpfen ist ein Ventil, auch ein Ausdruck von Hilflosigkeit, und Spott eine Waffe, wo es an anderen mangelt. So sehr sich die meisten Iraner grundlegende Reformen wünschen: In Atem hält sie die Sorge um das eigene Dasein. Die Gelangweilten mit den falschen kleinen Nasen markieren nur das eine Ende der Gesellschaft; am anderen Ende blitzten Messer auf, als an einer Straßenecke Tagelöhner um ein wenig Arbeit konkurrierten.

Der junge Mann am Lenkrad des Sammeltaxis schob eine CD ohne Aufschrift in sein Gerät, provozierend laut setzte die Popmusik ein; wir fuhren durchs Zentrum von Teheran, mit offenen Fenstern dicht an Polizisten vorbei. Für einen Moment schoss dieses prickelnde, pubertäre Gefühl von Ersatzfreiheit hoch, gerade lang genug, um zu verstehen, wie sich die jungen Iraner fühlen, die abends derart über die Boulevards kurven – sofern sie sich ein Auto leisten können. Offiziell war Pop immer noch verboten, aber jeder Haushalt mit Computer holte sich Musik aus dem Internet, meistens persischen Pop, aufgenommen in Kalifornien.

Verbotenes oder Verpöntes zu tun gehört zum Alltag der städtischen Mittelschichten; Regelbruch ist ein Massenphänomen. Nur die Ängstlichsten verbergen ihre Satellitenschüsseln noch morgens in der Wohnung und schleppen sie abends wieder auf den Balkon. Die Revolutionswächter, einst gefürchtet, gelten als frustriert und korrupt; vor einer Feier bekommen sie Geld, damit sie die Kontrolle vergessen – so können sich die weiblichen Gäste dekolletieren. Alkohol ist erstaunlich leicht erhältlich. In manchen Familien kommt der eigenhändig gekelterte Rotwein in unschuldigen Rosenwasserflaschen auf den Tisch; andere haben gleich eine ganze Bar im Keller. Vom Obsthändler an der Ecke ist bekannt, dass er Import-Whisky verkauft. Und zur Not gibt es noch den Ethanol-Alkohol aus der Apotheke, 96-prozentig; mit der gleichen Menge Mineralwasser verdünnt, dazu der Saft frischer Limonen, fertig ist der iranische Wodka-Lemon.

So viel Doppelleben. Öffentlicher und privater Raum sind getrennte Welten, hier und dort gelten verschiedene Werte, Normen, Verhaltenserwartungen. Nahezu jede Familie hütet Geheimnisse. Um sie zu wahren, lernen viele Kinder früh das Lügen, lernen zu unterscheiden, was sie in der Schule sagen dürfen, welcher Freundin sie was erzählen dürfen. „Antennen", Spione, werden im Schülerjargon die Kinder regierungsnaher Eltern genannt.

Ein Teheraner Mädchengymnasium hat zum Elternnachmittag geladen. Ich darf eine Mutter begleiten, sitze in der letzten Reihe des kleinen Raums; niemand reagiert mit Misstrauen auf die Anwesenheit einer Ausländerin. Vier Väter und drei Dutzend Mütter sind gekommen. Dies ist eine besondere Schule, eine Art private Modellschule, sie heißt „Kreativ Denken". Heute ist ein Psychologe zu Gast; Abdurrazah Kordi arbeitet an einem gleichfalls privaten Beratungszentrum; er spricht mit den Eltern darüber, was das Doppelleben der Erwachsenen in den Seelen der Kinder anrichtet. „Wir verkörpern keine stabilen Werte", sagt er. „Die Kinder können sich nicht mit uns identifizieren. Sie wissen nicht, was richtig und was falsch ist. Sie sind deshalb gestresst und leistungsgehemmt."

Der Familienpsychologe gehört zu den wenigen im Iran, die wissenschaftlich ergründen, was diese erstarrte Islamische Republik aus den Menschen macht. „Paradoxe Identitäten" diagnostiziert er, spricht von „Zwei-Sein", von „Doppelcharakteren". Mehr als eine Milliarde Schmerztabletten schluckten die Iraner pro Jahr, viele Frauen würden depressiv. „Wir haben zu viel Parolen gehört. Wir haben nicht gelernt zu leben."

Nach dem Vortrag bricht es aus einem Vater heraus: „Unser Land ist ein Monolog-Land! Die eine Seite redet, die andere muss zuhören. Unsere Kinder müssen lernen zu reden. Wir müssen jedes Kind einmal in der Woche vorne hinstellen und ihm sagen: Rede! Rede!!"

Der iranischen Gesellschaft seien „multiple Persönlichkeiten" zur zweiten Natur geworden, schreibt die Soziologin Masserat Amir-Ebrahimi. „Für viele Jugendliche ist die Hauptfrage heute: Wer bin ich?" Sie finden nur Spiegel, die ihnen ein Zerrbild zurückwerfen. Aus einer Öffentlichkeit, die den Sitz des Kopftuchs und die Farbe des Mantels vorschreibt, fliehen sie in einen künstlichen Raum, den virtuellen. Mehr als 60 000 junge Iraner schreiben Weblogs, Tagebücher im Internet, meist unter falschem Namen. Vieles darin ist unpolitisch, eine Suche nach Identität oder ein Spiel mit Probe-Identitäten: Wer könnte ich sein? Persisch gehört heute zu den weltweit meistbenutzten Weblog-Sprachen. „Manchmal vergesse ich, wer ich bin", schreibt eine Bloggerin. „Wenn ich dann mein Weblog lese und mich dort sehe, dann beruhigt mich das, und ich fühle mich besser."

Flüstern. Kichern. Das Knistern von Chipstüten. Im Fastdunkel des Kinosaals rücken hier und dort die Silhouetten zweier Köpfe Zentimeter um Zentimeter zusammen, bis die Kopftuchsilhouette quer liegt, an der Schulter des Jungen. Der Film heißt *Kerzen im Wind*; es ist die Geschichte eines jungen Mannes, den die verzweifelte Suche nach innerer Ruhe, nach innerem Gleichgewicht durch alle erdenklichen Drogen treibt. Eine wahre Geschichte, sagt der Vorspann.

Alle Probleme einer jungen, städtischen Mittelschicht türmen sich in diesem Film aufeinander: Scheidungen, Selbstmorde, Depressionen, Sinnsuche. Ein Arzt, der zum Drogenkonsum verführt, statt von ihm zu heilen, stürzt sich vom höchsten Gebäude Teherans in ein phantasiertes Blumenfeld; es ähnelt den Blut-Tulpen der offiziellen Märtyrergemälde, welch ein Hohn. In diesem Kaleidoskop zerfallender Sitten gilt nur ein Gebot: der Kopftuchbefehl – als hinge die Islamische Republik moralisch an diesem einen Nagel. Die Mädchen, die auf einer privaten Party im Ecstasy-Rausch tanzen, zappelnd wie halbtote Fische, tragen für den Film dazu ein dezentes Kopftuch. Im Kinosaal kommt bei solchen Szenen Heiterkeit auf, eine leise, wissende Heiterkeit.

Im Iran würden pro Stunde 44 Menschen verhaftet wegen Drogendelikten, hat der Drogenexperte des Staatspräsidenten mitgeteilt; meist seien es Abhängige. Das summiert sich zu über einer Million Festnahmen in drei Jahren, eine unglaubliche Zahl. Nur sechzig Cent kostet ein Schuss Heroin. Drogenkonsum durchzieht alle Schichten, verbindet Dorf und Stadt, Arm und Reich, hängt wie ein Seufzer der Resignation über der Jugend.

Und jung scheint das ganze Land, zwei Drittel der Iraner sind unter 25, geboren nach der Revolution. Und viele Junge sind gut gebildet; die Islamische Republik hat die Zahl der Universitätsstudenten verzehnfacht, hat vor allem die Mädchen aus dem dunklen Tal des Analphabetismus geholt. Sie stellen heute an den Unis sogar die Mehrheit. Aber dieser Fortschritt staut sich in ein Nichts hinein: keine Jobs für die 100 000 neuen Akademiker pro Jahr, keine geistige Freiheit für die Gebildeten, nicht einmal Unterhaltung für die Gelangweilten.

Ich mache mich auf die Suche nach dem Islam in der Islamischen Republik. An manchen Tagen scheint es, als hätte der Gottesstaat Gott aus den Herzen vertrieben. „Unter dem Schah haben wir auf der Straße getrunken und zu Hause gebetet; jetzt ist es umgekehrt." Eine iranische Redensart über das Doppelleben in zwei Systemen. Doch sie trifft nicht ganz. Denn die Suche nach Religiosität führt weg von der Straße, sie führt ins Private, sie führt zu Menschen, die ihren ganz persönlichen Glauben leben.

Ein kleines Apartment in einem Randbezirk Teherans. Von der Wohnungstür fällt der Blick auf eine große Kalligrafie, gold auf schwarz ein kühn geschwungenes *bismillah*, im Namen Gottes, des Barmherzigen. Dem Schriftzug fehlt ein Stück, es handelt sich um verfremdete religiöse Kunst. Die Einrichtung der Wohnung ist schlicht und modern; so richtet sich eine Frau ein, die nach einer Scheidung mit Mitte vierzig ihr Leben neu ordnet. Nilofar Ruzbeh ist Lehrerin; in Wirklichkeit heißt sie anders, sie wählt diesen schützenden falschen Namen, denn wir wollen offen reden, auch über sehr Privates. Als die Islamische Revolution 1979 siegte, empfand sie sich als Atheistin; religiös wurde sie später, als ihre Mutter einen schwerem Unfall wie durch ein Wunder überlebte. „Mein Glaube", sagt die Lehrerin, „hat mit diesem Staat absolut nichts zu tun. Wir religiösen Iraner sind sehr wütend auf die Regierung, denn sie hat dem Ansehen des Islam so geschadet." Sie betet fünfmal am Tag, doch nur, wenn niemand zusieht. Sie würde lieber ohne Kopftuch ausgehen, doch mehr als diese Äußerlichkeit bedrückt sie, dass sie ihre Scheidung verschweigen muss. Sie trägt immer noch den Ehering: Eine allein lebende Frau gilt als verdächtig, als schutzlos und als schlecht.

Vor fünf Jahren gestand ihr der jüngste Sohn, er sei schwul. Der 18-Jährige war erstaunt, wie gelassen seine religiöse Mutter reagierte. Homosexualität wird im Koran untersagt; im Iran steht darauf die Todesstrafe, auch wenn sie seit Jahren nicht vollstreckt wurde. „Meine Sorge war vor allem, welche Wirkung es auf den Jungen hat, wenn er immer lügen, sich immer verstellen muss", sagt Nilofar Ruzbeh. „Ich hatte Angst, aus ihm könnte ein Lügner werden für den Rest seines Lebens." Über das koranische Verbot der Homosexualität sagt sie: „Gott hat mir einen Verstand gegeben, damit ich selbständig denke. Zur Zeit des Propheten ging es um die sexuellen Praktiken von Heteromännern, nicht um Schwule, die sich lieben." Unvermittelt beginnt sie zu weinen. Ihr Mann, sagt sie, zwang sie noch kurz vor der Scheidung zum Sex. „Ist das nicht ein viel größeres Tabu? Aber dazu sagt der Koran nichts." Sie zündet sich eine Zigarette an, macht sich am Fenster zu schaffen, um ihr Gesicht zu verbergen.

Ihr Sohn ist nun 23. „Vor sieben Jahren", erzählt er, „begann im Iran die erste vorsichtige Kommunikation von Schwulen übers Internet. Vor sechs Jahren hatten wir die erste Party. Es kamen zwanzig Leute, das werde ich nie vergessen! Danach ging alles unheimlich schnell, jeden Tag kamen fünf, sechs Leute dazu. Heute kenne ich in Teheran mindestens 500 Schwule." Sein Partner ist ein paar Jahre älter, er hat als Heranwachsender noch die internetlose Zeit dumpfer Isolation erlitten, seine Gefühle eingesperrt in der schwarzen Box des religiösen Tabus. Eine Szene, Partys, Partner – das war alles unvorstellbar.

Abend in Teheran: Von der dunklen Straße ist durch eine große Glasscheibe das hell erleuchtete Innere eines Cafés perfekt zu sehen. Moderne Malerei, schlichte Holztische, die Gäste fast ausschließlich Männer. Sie trinken Milchkaffee oder Wasser mit Blumenaroma, um elf Uhr ist Schluss. Alles so unschuldig. Einen *Hangout* für Schwule in der Islamischen Republik hätte man sich klandestiner vorgestellt.

Die Gäste begrüßen sich mit Wangenküsschen, links, rechts, links, aber so begrüßen sich im Iran auch andere Männer. Manche halten am Tisch Händchen, hell beleuchtet, aber in Persien halten sogar Mullahs Händchen. Manche tragen ihren Ring am Daumen, das galt einmal als Erkennungszeichen. Eine neue Parfümmarke wird zum Probeschnuppern herumgereicht.

Diskussion mit einer Runde Mittzwanziger: Ihr Englisch ist gut, manche arbeiten bei ausländischen Firmen, das seien „tolerante Jobs". Ihr Freundeskreis ist meist ausschließlich schwul, denn die Hetero-Altersgenossen fragten als Erstes: Hast du eine Freundin? Habt ihr Sex? Was anderen als Befreiung gilt, erlebt diese Minderheit als neue repressive Norm: Du musst vom Sex mit einem Mädchen erzählen können, um zu bestehen. „Ausländische Beobachter übersehen oft", sagt einer in der Runde, „dass unser Hauptproblem nicht die Behörden sind, sondern die intolerante Kultur unserer Gesellschaft." Es gibt einen Schwulen-Code in Farsi, dem Persischen, damit verdächtige Worte nicht zu den Ohren von Mithörern dringen.

Zwei Stunden dauert die Fahrt von Teheran nach Qom, in die heilige Stadt. Eine Wüstenstadt: das Klima heiß und trocken, die Häuser flach, das Wasser ständig leicht versalzen. Wer hier wohnt, tut es des Glaubens wegen. 40 000 Geistliche studieren an Qoms religiösen Hochschulen. Die Mullahs prägen das Straßenbild, mit ihren Roben, Turbanen und Lederpantöffelchen. Und nahezu alle Frauen tragen den schwarzen Tschador.

Tschador heißt übrigens Zelt. Es ist nicht leicht, einen Tschador zu tragen, es ist sogar ausgesprochenen schwierig. Die Grabmoschee der Fâtema in Qom bot Gelegenheit zu einem Selbstversuch: Ohne Tschador kein Zutritt zu diesem heiligen Ort. Womöglich war der Leih-Tschador, der am Eingang herumlag, von besonders schwerer und schlüpfriger Qualität. Er sollte fest auf meinem Kopf aufliegen, aber von dort rutschte er unweigerlich nach hinten, mit einem erstaunlichen Gewicht, und dabei zog er auch noch das obligatorische Kopftuch mit sich. Deshalb muss man den Tschador unten festhalten, indem man die Arme von innen in den Stoff wickelt, eine Art Selbstfesselung, denn die Arme sind für nichts anderes mehr zu gebrauchen. Vollauf mit der Bändigung meiner Verhüllung beschäftigt, näherte ich mich dem Eingang zum Schrein, von dem es hieß, der Zutritt sei Nicht-Muslimen verboten. Ich gestikulierte mit meinem eingewickelten Zeigefinger fragend Richtung Fraueneingang. Der Wächter deutete als Antwort nur auf mein herausgerutschtes Haar. Als das Haar weggestopft war, schien ihm alles Übrige völlig gleichgültig zu sein. Im Inneren des Schreins herrschte ein Gewoge warmer, schwarzer Leiber. Verschleiert bis zur Nasenspitze drängten und schoben sich die Frauen, um die kostbare Umhüllung des Grabes zu berühren und zu küssen.

Die iranische Wirklichkeit gleicht einer Zwiebel mit vielen Schichten, von denen wir kaum mehr als die obersten sehen, und selbst der Tschador entzieht sich der Eindeutigkeit. Für die ländlichen Pilgerinnen im Schrein mag er ein traditionelles Kleidungsstück sein. Vielen Mädchen aus konservativen Familien gelang in der Verhüllung indes der Sprung an die Universitäten, wo die Studentinnen heute sogar in der Mehrheit sind. Trotz Kopftuchzwang und Kleiderordnung haben die Iranerinnen mehr berufliche Chancen als ihre Schwestern in einer ganzen Reihe arabischer Länder. Für die Arbeit bei staatlichen Behörden ist eine Art Büro-Tschador entstanden, der entfernt einer Nonnentracht ähnelt und ausreichend Bewegungsfreiheit garantiert. Und schließlich gibt es sogar Prostituierte im Tschador, besonders in den Pilgerorten. Sie gehen mit den Pilgern eine sogenannte „Ehe auf Zeit" ein, ein Instrument im schiitischen Islam, das den eigentlich verbotenen außerehelichen Verkehr legalisiert – für zehn Minuten, für eine Stunde, für ein Jahr. Einem Gerücht zufolge sind Prostituierte daran zu erkennen, dass sie den Tschador auf links, mit den Nähten nach außen, tragen.

Ein grüner Campus, ein Gebäude mit schimmernder Glasfassade: Im konservativen Lehrbetrieb von Qom hat die private Mofid-Hochschule eine Sonderstellung. Die Studenten werden mit modernem Stoff vertraut gemacht, lernen auch westliche Philosophen kennen. Der Geistliche Mohammad Taqi Fazel Meybodi empfängt mich in einem schmalen Büro, das von der Prominenz dieses Fünfzigjährigen nichts verrät. Der Mann mit weißem Turban gehört zur kleinen Riege von Irans Reformtheologen. Es sind religiöse Aufklärer, die den Islam neu denken, ihn aus der erstickenden Umklammerung des Staats befreien wollen.

Meybodi ist ein selbstsicherer Mann, er begrüßt mich leutselig, mit einem Scherz, doch schreibt ein Gehilfe jedes Wort des Meisters mit. Die Zukunft des Islam in der Islamischen Republik mit einer ausländischen Journalistin zu erörtern, das ist politisch abschüssiges Gelände.

„Die religiösen Posten müssen von den staatlichen getrennt werden", sagt Meybodi. „Der Staat darf weder Interpret noch Aufpasser über religiöse Dinge sein. Und Religion darf nicht als Damm gegen Freiheitsbestrebungen missbraucht werden." Das ist eine Generalkritik an der religiösen Staatsdoktrin des Iran, der sogenannten Herrschaft der Rechtsgelehrten. Ähnlich wie für einen modernen Christen ist für Meybodi Religion vor allem ein Gerüst von Werten. Dennoch ist er keineswegs säkular im westlichen Sinn: Der Islam beschränke sich nicht auf das private Leben, sagt er. „Islam ist politisch. Aber er soll nicht herrschen, nein!" Vielmehr müsse nach einer neuen Definition für den Platz der Religion im Leben der Menschen gesucht werden.

In eine ähnliche Richtung, nur radikaler, argumentiert ein paar Tage später Mohsen Kadiwar, Theologe und Philosoph an der Teheraner Universität. Er zählt zu den bekanntesten religiösen Intellektuellen des Landes, hat für seine Kritik am Regime im Gefängnis gesessen. Kadiwar ist Ende vierzig; seine Körpersprache ist von jener Zurückgenommenheit, die langjährige religiöse Erziehung verrät. Er spricht leise und sanft, schickt seinen Sätzen oft ein helles, kleines Kichern hinterher. Und so einer wurde von iranischen Studenten gefeiert wie ein Popstar? Es liegt am Inhalt seiner Worte; sie sind klar, fest und mutig. „Die offizielle Interpretation des Islam im Iran ist tyrannisch", sagt er. „In der Hand der Regierung ist die Religion nur ein politisches Instrument." Vor mehr als 25 Jahren war Kadivar wie die meisten heutigen Reformer ein feuriger Befürworter der Revolution. Aus dem Scheitern der Islamischen Republik müssten die Muslime nun weltweit Konsequenzen ziehen, sagt er, so wie damals die Begeisterung für Khomeinis Revolution in vielen Ländern einen Nachhall fand. Aber der Westen, sagt Kadivar und kichert hell, sei natürlich gar nicht an Demokratie im Iran interessiert. „Jeder weiß, dass die Amerikaner außerhalb ihrer eigenen Grenzen nicht an Demokratie glauben. Und Europa hat auch nur das Öl und andere Wirtschaftsziele im Auge. Wir Demokraten, wir sind doch völlig unwichtig für die!"

Wer im Iran heute noch – oder wieder – religiös ist, hat es geschafft, seinen Glauben der Beschmutzung durch die Politik zu entziehen. Viele führende Mullahs haben sich hemmungslos bereichert, haben den Turban in den Augen der Bevölkerung zu einem Symbol für Korruption und Doppelzüngigkeit gemacht. Über den Umstand, dass die Geistlichen eine Moral predigen, die für sie selbst als Letzte gilt, kursieren viele zynische Witze, und in der verbreiteten Abneigung gegen die Mullahs verbirgt sich auch eine Ursache für den Aufstieg des Präsidenten Ahmadinedschad. Vielleicht gibt es nur eine Regel im Iran: Dass die Religion dort nicht wohnt, wo sie an der Türklingel steht – und dass man ihr stattdessen an unvermuteten Ecken begegnet.

Das Wohnzimmer von Simin Behbahani, der alten Dame der oppositionellen Poesie, ist ein Salon mit einem unüberschaubaren Bataillon von Sesseln und Stühlen. Die Behbahani selbst, bald achtzig Jahre, ist eine Erscheinung: Das Haar zur Hälfte pechschwarz gefärbt, die andere Hälfte weiß, der Lidstrich extravagant, die Ohrringe gewaltig. Wie haben die Konservativen sie gehasst! Weil die Dichterin ihrem Publikum einmal Kusshändchen zuwarf, wurde sie in den Zeitungen als Hure beschimpft. Und nun das Überraschende: Die Frau, die in Irans Öffentlichkeit stets eine säkulare Oppositionelle war, trägt ein großes, goldenes Allah-Zeichen an einer Kette um den Hals. „Glaube", sagt die alte Dame, „wohnt nur im Herzen. Jedes religiöses System wird irgendwann totalitär." Und dann beginnt sie wie im Selbstgespräch, aus einem ihrer Gedichte zu rezitieren. „Ich bin ein Stück von diesem Land. Wenn ich aufstehe, bin ich ein Baum voller Schatten. Trennt meine Wurzeln nicht mit einer Axt ab. Ach, ihr Feinde, was habe ich euch getan? Als hätte ich eine Schlange geboren, die mich beißt. Ich bin siebzig Jahre hier geblieben, damit ich ein Meter siebzig Grab bekomme in der Erde meiner Heimat."

Es gibt einen bestimmten Typ von Frauen in islamischen Ländern, die ich „die Ernsthaften" nenne. Sie sind jung, gebildet und religiös, sie treten selbstbewusst auf, aber vermeiden alle Effekthascherei. Meist tragen sie ein Kopftuch, auch in jenen Ländern, wo es keine Pflicht ist. Diese Frauen treiben etwas voran in ihren Gesellschaften, sie übernehmen Verantwortung und stecken die Grenzen weiblicher Einflussnahme neu ab. Und bei all dem sind sie dezidiert muslimisch. Ich traf solche Frauen in Malaysia, Pakistan und Ägypten, und natürlich gibt es sie im Iran.

Zum Beispiel diese Juristin. Sie bittet mich, ihren Namen nicht zu nennen. Eine schmale Frau Anfang dreißig, schlicht gekleidet mit braunem Mantel und schwarzem Kopftuch. Ihr blasses Gesicht ist ungeschminkt, es drückt Ruhe und Konzentration aus. Die Juristin öffnet ihre Aktentasche und kommt ohne Umschweife zur Sache. Es geht um Todesurteile, um drohende Hinrichtungen. Sie berät die Eltern von Minderjährigen, die zum Tode verurteilt wurden. Vor wenigen Monaten, sagt sie, sei eine 17-Jährige gehenkt worden, weil sie Beischlaf mit mehreren Männern hatte. Offiziell gibt es diese Hinrichtungen nicht. Die Juristin versorgt Menschenrechtsgruppen mit Informationen, und sie tut noch mehr: Wenn Jugendliche einen Mord begangen haben, dann geht sie zu den Eltern des Mordopfers und versucht sie zu überzeugen, dass sie dem jungen Täter vergeben. Nach islamischem Recht kann auf die Todesstrafe verzichtet werden, wenn die Opferseite vergibt. „Manchmal", sagt die junge Juristin, „wird erst vergeben, wenn der Henker schon das Seil wickelt."

Durch die Redaktionsräume der Zeitung *Dschumhuriat* weht eine bedrückte Fröhlichkeit: als träfen sich gute Freunde am Bett eines Kranken. Seit vier Wochen darf die Zeitung nicht mehr erscheinen, man könnte sagen, sie sei tot, aber der Chefredakteur Emadeddin Baghi hofft noch, sie liege nur „im Koma", Rückkehr ins Leben nicht ausgeschlossen. Dabei ist *Dschumhuriat* (Republik) überhaupt nur zwei Wochen lang erschienen, 13 kostbare Ausgaben, aufbewahrt in einem blauen Ringhefter. Gute Fotos, klares Layout. „Immer mehr Mädchen laufen von zu Hause weg", lautete eine Überschrift. Die Zeitung war reformerisch und sozialpolitisch orientiert.

Sechzig Journalisten sind heute in die Redaktionsräume gekommen, um zu hören, dass ihre Gehälter im Koma nicht weiterbezahlt werden können. Sie sitzen um die nun leeren weißen Tische herum, ein paar Lexika stehen noch da und Aktenablagen; es werden Erinnerungsfotos gemacht. Viele der Kollegen sind schon von Zeitung zu Zeitung gewandert, im Takt der Publikationsverbote. Und wie überall, wo sich Iraner mit Mut und langem Atem für Veränderungen einsetzen, sieht man hier nicht die Trendigen, Schicken, Coolen, sondern eher gemäßigt religiöse Leute. Die Frauen konservativ gekleidet, die Gesichter eng umrahmt von der schwarzen Maghna'e, einem Tuch, das bis zur Brust reicht. Die Maghna'e ist sozusagen das kleine Schwarze der zielbewussten jungen Iranerin.

Baghi, der Chefredakteur, ein bedächtiger, kräftiger Mann mit ergrauendem Bart, hat drei Jahre im Gefängnis gesessen, weil er die Drahtzieher von Morden an Regimegegnern enthüllte. Jedes dritte seiner zahlreichen Bücher ist verboten. Und auch dieser Reformer war als junger Mann ein Aktivist der Revolution. Deren Anfangsmotive, nämlich Freiheit und soziale Gerechtigkeit, nimmt er heute in Schutz gegen deren spätere „Korrumpierung". Seine älteste Tochter, sie ist Mitte zwanzig, sitzt bei dem Gespräch dabei, und wenn man sie fragt, ob sie den Vater für sein damaliges Verhalten kritisiere, dann schauen sich die beiden einen Moment verlegen an, und Baghi errötet. Ja, das sei Thema in der Familie, wie in vielen Familien.

Ein iranischer Generationskonflikt. Seine Konturen sind durchaus universell: Den skeptischen und politisch oft teilnahmslosen Kindern der Revolution erscheint unbegreiflich, wofür sich ihre Eltern oder Großeltern begeisterten – und warum sich im zwangsverwestlichten Iran des Schah auch säkulare Intellektuelle hinter die Fahne des Islam stellten. Typisch diese Situation am Couchtisch einer Familie: „Wie konnten gebildete Leute nur an solche Parolen glauben: Gerechtigkeit, Unabhängigkeit! Leere Worte!", ereifert sich ein junger Ingenieur. Seine Schwester, eine Wirtschaftsstudentin: „Sie machten die Revolution, und wir hocken mit dem Mist heute noch da!" Die ältere Generation sitzt auf der anderen Seite des Couchtischs und schweigt.

Isfahan. Die Perlen persischer Moschee-Architektur sind abends angestrahlt, wie eine märchenhafte Kulisse umstellen sie den Königsplatz. Aus einem Park nahebei wehen Fetzen klassischer Musik herüber. So viel Schönheit, so viel Friedlichkeit. „Malen Sie mein Land nicht schwärzer und nicht weißer, als es ist", hatte mir Shirin Ebadi aufgetragen, die Friedensnobelpreisträgerin. Wir saßen in ihrem Souterrain-Büro in Teheran, die Anwältin war erschöpft, hatte wenig Zeit. In meiner Erinnerung blieben vorrangig Bilder haften: Koranausgaben neben Büchern über Menschenrechte. Die Kalligrafie eines Verses des Dichters Saadi: „Du, der dich das Leiden anderer nicht kümmert: man kann dich nicht Mensch nennen." Und dann eben dieser Rat: ausgewogen zu urteilen. Ausgerechnet von einer Frau, die selbst Morddrohungen bekommt. Nun dieser Platz hier, die Schönheit, die Friedlichkeit. Wie schnell schreibt man zu schwarz, zu weiß.

Isfahan ist ein Ort für Exkursionen ins Bürgertum. Alles erscheint hier ein wenig ruhiger, gediegener, weniger zerrissen als in Teheran. Ich treffe mich in einem Restaurant mit einer Familie, es sind Ärzte, Ingenieure, allesamt Angehörige der oberen Mittelschicht, gebildet und politisch nicht engagiert. Das Gespräch beginnt mit einem Auftrag: „Bitte drucken Sie folgendes", sagt eine Kinderärztin resolut: „Die Iraner sind beleidigt über das Bild, das im Westen von unserem Land gezeichnet wird. Alles, was hier falsch oder schlecht ist, wird bei Ihnen aufgebauscht." Alle um den Tisch verteidigen den Iran, seine Kultur, seine Familienbezogenheit – und erst als dies alles gebührend notiert ist, nimmt das Gespräch abrupt eine andere Wendung. Nun wird geschimpft, aus allen Richtungen: „Dieses System hat mit autoritärem Kommunismus mehr gemein als mit Islam!", sagt der eine. Ein anderer erinnert an die islamische

Eroberung Persiens vor 1400 Jahren und sagt: „Die Mullah-Regierung ist die zweite Invasion der Araber."

Den Regierungs-Islam arabisch zu nennen, das dient der Distanzierung von den Mullahs und der Ehrenrettung des Persischen. Geistliche, die einen schwarzen Turban tragen, führen ihre Abstammung zurück auf Nachfahren des Propheten Mohammed. Dass ihre Urahnen folglich von der arabischen Halbinsel gekommen sein müssen, gerät zum Argument, die regierenden Kleriker als eine Art Fremdherrschaft zu betrachten. Ihnen fehle der Sinn für persische Kultur, ihre Herrschaft sei dem Iran wesensfremd. Die Abneigung gegen die Mullahs hat sogar eine Mode kreiert, hat Symbole aus vorislamischer Zeit populär gemacht. Zoroastrische Motive erfahren als Design-Element in Apartmentbauten eine Renaissance, und junge Weblogger legen sich zoroastrische Tarnnamen zu.

Die ältere Dame, die mich in Isfahan beherbergt, gibt ihre monatliche Party, *Ladies only*. Die jüngste zwanzig, die älteste 68. Ein Fest der Sinne, alles ist opulent. Berge von Blumen für die Gastgeberin quellen zur Tür herein, begleitet von heftigen Parfümwolken. Schweres Make-up, enge Kleider, die Jüngeren tanzen ausgelassen und sexy, dazwischen wird ständig Obst und Süßes aus überquellenden Schalen herumgereicht, begleitet von anzüglichen Witzen. Eine Sängerin tritt auf, und als nach vier Stunden der Lärmpegel abfällt und sich alle wieder in Mäntel und Kopftücher hüllen, sagt eine Frau mit tiefster Zufriedenheit zu mir: „Siehst du, wir im Iran, wir haben einfach alles."

Auf der Party hatte ich die Schriftstellerin Fattineh Haj Seyed Javadi kennengelernt. Frau Javadi hat einen sehr erfolgreichen iranischen Bestseller geschrieben: *Der Morgen der Trunkenheit*, so heißt ihr Roman in Deutschland. Im Iran hat er 34 Auflagen erreicht. Ein Buch über die Abgründe der Liebe, eine auf den Kopf gestellte Cinderella-Geschichte: Ein junges Mädchen aus der Oberschicht verliebt sich in einen armen Schreinerlehrling, verfällt seiner erotischen Ausstrahlung, heiratet ihn gegen den Widerstand ihrer Familie. Schnell wird das Glück bitter, die junge Ehefrau wird unterdrückt, geschlagen, sie treibt ein Kind ab, Flucht und Scheidung sind der einzige Ausweg. Die Geschichte spielt um 1930, aber der Konflikt zwischen Leidenschaft und Vernunft sei heute für viele Mädchen genauso aktuell, sagt die Autorin.

Frau Javadi meidet gewöhnlich westliche Journalisten; sie fürchtet, missverstanden oder politisch missbraucht zu werden. Sie will sich keinem Lager zurechnen lassen und betont, sie sei keine politische Person. „Es ist im Iran möglich, unpolitisch und zugleich erfolgreich zu sein", sagt sie dezidiert. Frau Javadi ist gerade aus Deutschland zurückgekommen, aus ihrer Handtasche zieht sie die deutsche Übersetzung ihres zweites Buches, eines Bandes mit Erzählungen. Wir schauen gemeinsam auf den Schutzumschlag – und verfallen in Schweigen. Der Buchtitel zeigt Frauen im schwarzen Tschador am Strand des Kaspischen Meeres, sie wirken wie Krähen im Sand, gesichtslos, ununterscheidbar. Das Klischeebild von Iranerinnen. Ob sich das Buch so besser verkauft? „Es tut mir weh, dass die Europäer unser Land so finster sehen", sagt Frau Javadi in mein Schweigen hinein. „Ich dachte immer, die Europäer seien so gebildet. Aber ich bin schockiert, wie wenig sie über uns wissen."

Der Isfahaner Bilderbogen persischer Bürgerlichkeit wäre unvollständig, hätte man nicht in dieses Zimmer geblickt: ein stilles, großes Wohnzimmer. Auf einem runden Tisch eine Flotte von Bilderrähmchen mit Familienfotos. Fünf Söhne, nun alle erwachsen. Diplom, Doktorhut, Hochzeit. Alle fünf leben im Ausland, England, USA, Kanada.

Die Mutter hat sie selbst dazu gedrängt: Welche Perspektive hätten sie denn hier?! Nun ist die Mutter allein in diesem zu stillen, zu großen Haus, mit 156 Satellitenkanälen und einer Schachtel Antidepressiva.

Zehn Stunden Busfahrt nach Südosten. Jedes Mal, wenn man den Vorhang des Busfensters zur Seite schiebt, ist die Wüste noch da. Konturen von Bergen am Horizont, staubverhüllt. Ein Dorf in der Mittagshitze, zwischen Kugelbauten aus Lehm sitzt der Dorfidiot, grimassierend. Traumgleiche Szenen. Ankunft in Kerman, einer Provinzhauptstadt.

Was sind kleine Fluchten in der Provinz? Auf der Hauptstraße stehend Moped fahren, für ein paar Sekunden. Oder Kermaner Halbstarkenschick tragen: Schwarze Nadelstreifenhose, die überm Schenkel spannt, tailliertes schwarzes Hemd, dickes Gürtelschloss. Da würden die Teheraner lächeln. Hier entrüsten sich Väter.

Das Paradies des Unbeobachtetseins liegt 35 Kilometer außerhalb der Stadt: eine altpersische Gartenanlage mit Blumen und Wasserspielen. Nicht, dass es hier lauschige Verstecke gäbe. Aber der Prinzengarten ist, nach den niemals verstehbaren iranischen Kriterien, ein toleranter Ort. Teppichbedeckte Liegen, Dattelkuchen, Händchenhalten. Ach, wie viele Regeln gilt es zu beachten, und wie undurchschaubar ist das System, nach dem sie verletzt werden dürfen! Ein Mädchen aus Kerman soll sich vor der Hochzeit nicht die Haare färben und nicht die Augenbrauen zupfen. Denn Augenbrauenzupfen markiert die Grenze zwischen Mädchen und Frau. Die Studentin aus Bandar Abbass, von der Südküste, darf hingegen rötliche Haarsträhnen und hellblaue Fingernägel haben – aber sie darf den Jungen, in dessen Arme sie sich gerade schmiegt, nicht heiraten: weil sie zwei Jahre älter ist als er.

Irgendwo in diesem heißen Süden gibt es eine Adresse, die sich Mädchen in Yazd oder Shiraz oder Zahedan zuflüstern, wenn sich die Praxis des Lebens und die Regeln einer traditionellen Gesellschaft zu weit voneinander entfernt haben. *Golduzi*, Blumensticken, nennt es der Volksmund poetisch, wenn dieser verschwiegene Arzt eine Frau wieder zur Jungfrau macht. 250 Euro kostet die neue Blume, ein Vermögen für ein Provinzmädchen, doch existenzieller als eine neue Nase.

Nicht leicht zu sagen, wer hier wen betrügt. Manchmal will die Braut dem Bräutigam ihre sexuellen Erfahrungen verheimlichen. Doch oft bezahlt der Bräutigam die neue Blume, nachdem er die erste selbst zerstört hat – es gilt, den Schein für den Rest der Familie zu wahren, mit einem befleckten Laken. Wenn der Arzt den Eindruck hat, die neue Blume werde vielleicht nicht bluten, stichelt er drei Tage vor der Hochzeit ein paar zusätzliche Nähte, deren Verletzung garantiert Flecken hinterlassen wird; dann ist der Betrug sogar verlässlicher als Mutter Natur. Manche Mädchen kommen mehrfach zum Golduzi, so wirr sind die Zeiten.

In Teheran hat der Herbst begonnen, ein Herbst der Melancholie. In den Weblogs fallen die Blätter, die Metaphern sind schwermütig, als sei Irans Jugend ständig unglücklich verliebt. „Straße der Sehnsüchte" nennt eine Jugendzeitschrift ihre Leserbriefseite.

Und immer taucht irgendwo ein Vers von Sohrab Sepehri auf, dem Maler und Dichter. Er starb an Leukämie, als diese Generation geboren wurde; in den Herzen seiner Anhänger bleibt er ein ewig junger Toter. Seine Verse werden an Straßenecken verkauft, und jeder kennt die Inschrift auf dem Grab des Idols: „Nähere dich langsam, damit meine zarte Einsamkeit nicht zerbricht." Irans Jugendliche finden in seinen schlichten, sentimentalen Zeilen etwas Ra-

res: Intimität. Eine Welt fern der Parolen, fern der Verlogen-
heit. Und religiös war dieser Dichter gleichfalls auf seine
sehr eigene, eher pantheistische Art: „Mein Mekka", schrieb
er, „ist eine rote Rose."

Die zwei Gesichter der Scharia

Nigeria: Der Schrei nach sozialer Gerechtigkeit

Das Wichtigste ist nicht zu sehen. Der Koran ist verborgen in einer Tasche aus buntem Ziegenleder. Sie hängt an der Wand des Gerichtssaals, an einem schlichten Nagel. Wer auf den Richter blickt, blickt immer auch auf die Tasche.

Im Saal herrscht respektvolle Stille. Die Zuhörer sitzen auf Holzbänken, Männer links, Frauen rechts, zwischen ihnen ein halbhoher Sichtschutz. Nur der Richter blickt von seinem erhöhten Podest aus auf alle. Die Platten an der Saaldecke haben Löcher, drei rostige Ventilatoren verharren regungslos. Die Akten auf dem Tisch des Richters sind von Hand geschrieben.

Dies ist ein islamisches Gericht, ein Oberes Scharia-Gericht im Norden Nigerias. Es gibt hier nicht einmal eine Schreibmaschine.

Die Fälle, die an diesem Morgen verhandelt werden, erzählen von afrikanischem Alltag. Streit um ein Stück Land, Streit um Wasser in einem Dorf. Dann ein Familienzwist: Eine junge Frau wurde zwangsverheiratet wegen einer Erbschaftssache, sie wehrt sich, steht in blankäugiger Schüchternheit auf der Frauenseite des Gerichtssaals. Auf der Männerseite ihr Vater, ein magerer, ärmlich gekleideter Übeltäter. All diesen Fällen ist gemeinsam, dass Kläger und Beklagte der bunten Tasche aus Ziegenleder mehr vertrauen als einem staatlichen Gericht.

Manchmal wird die Tasche vom Nagel genommen. Vor zwei Monaten war es zuletzt: Ein Mann war des Mordes angeklagt, die Beweise waren schwach, der Angeklagte schwor auf den Koran, dass er unschuldig sei. Er schwor mehrmals, und wer Gott so selbstbewusst als Zeugen seiner Unschuld herbeiruft, der wird von einem Scharia-Gericht freigesprochen.

Nord-Nigeria: Die Region ist zu einem Synonym für Fanatismus und archaische Rückständigkeit geworden, seit hier vor einigen Jahren islamische Strafgesetze eingeführt wurden. Sie drohen im Extremfall mit Steinigung und Amputation. Scharia – allein das Wort erzeugt im Westen instinktive Abwehr. Für viele Muslime in Nigeria ist es hingegen ein Wort der Hoffnung: In diesem von Korruption geplagten Land verbinden sie damit Gerechtigkeit und eine saubere Justiz.

So führt diese Reise mitten hinein in einen Streit um Werte, um Religion und Menschenrechte. In der größten schwarzen Nation der Welt ist gut die Hälfte der Bevölkerung muslimisch, etwa siebzig Millionen. Afrikas Islam wird leicht übersehen. Dabei ist heute jeder zweite Afrikaner Muslim, das sind circa 380 Millionen Menschen – mehr als im Nahen Osten.

Quer durch Nigeria verläuft eine Linie. Sie ist nicht mit dem Lineal gezogen, sie hat Zacken und Fransen, doch teilt sie das Land grob in zwei Hälften, in den überwiegend muslimischen Norden und den überwiegend christlichen Süden: eine historische Grenze, an der sich zwei importierte Religionen trafen. Der Islam kam 700 Jahre früher nach Westafrika, er reiste ab dem 11. Jahrhundert von Norden her mit den arabischen Händlern über die Karawanenstraßen in die Sahelzone. Die christlichen Missionare drangen später von Süden her durch den tropischen Küstengürtel vor, mit den britischen Kolonialherren.

Heute werden Nord und Süd durch einen Superlativ zugleich vereint und getrennt: Im Norden können angeblich mehr Menschen den Koran auswendig als in jedem anderen

Land der Welt – und im Süden soll es mehr Priesteramts-
kandidaten geben als irgendwo sonst.

In Lagos, dem urbanen Moloch im Süden, dampft em-
phatische Christlichkeit in die abgasblaue Luft. Kaum ein
Friseursalon, der nicht Gott im Namen trüge; der Software-
Laden verkauft „Godsoft" statt Microsoft, und wer einen Eimer und einen Scheibenwischer besitzt, nennt sein Unternehmen „Divine Car Wash".

Islam und Christentum haben sich in den vergangenen
zwei Jahrzehnten gleichermaßen politisiert und radikali-
siert, bei den Christen vor allem durch die aggressiv missio-
nierenden Pfingstkirchen. In diesem Land mit 36 Bundesstaaten, 300 Ethnien und weitaus mehr machthungrigen
Politikern umschlingen Religion und Politik einander. Wer
in der Politik etwas werden will, muss Gott auf den Lippen
führen.

Nigeria gehört zu den großen Öl-Exporteuren, doch die
meisten Nigerianer sehen von diesem Reichtum nichts.
Wenn die Politiker dann wieder einmal die Hoffnungen be-
trogen haben, flüchten sich die Betrogenen um so leiden-
schaftlicher zu Gott.

Im Norden Nigerias ist Trockenzeit. Die Luft ist grau und
braun vom *Harmattan*, einem sandigen Wind aus der Sahara. Beigefarben der Himmel, braun die Äcker, blätterlos die
Baumriesen. Ab und an die Lehmmauern eines Dorfes, wie
eine flache Festung am Boden klebend, braun an braun.
Ziegen, Schafe, Rinder kreuzen hirtenlos die Straße,
manchmal ein paar Kamele.

Wir halten an einer Schule am Straßenrand, es ist eine
Grundschule. Kaum ein Kind hat ein Schulbuch, und der
Lehrer antwortet auf meine Frage, was sein größter Wunsch
sei: Mehr Kreide! Als der Unterricht beginnt, schickt er den

ältesten Jungen der Klasse, den Stummel Kreide von gestern aus sicherem Gewahrsam zu holen. Ein Stummel Kreide ist zu wertvoll, ihn unbeaufsichtigt herumliegen zu lassen. Obszöne Armut in einem Land, dessen Oberklasse manchmal mit Koffern voller Schmiergeld im Ausland erwischt wird.

Aus dem kargen Gleichmut dieser Landschaft, aus einem der lehmbraunen Dörfer wurde vor ein paar Jahren eine Frau hinausgeschleudert in die Schlagzeilen der Welt. Amina Lawal – die Frau, die gesteinigt werden sollte. Eine Schwangere, zum Tode verurteilt wegen außerehelichen Geschlechtsverkehrs. Ihr Bild ging durch die Medien des Westens, eine Verschleierte mit großen traurigen Augen: das Gesicht der Scharia.

Die Leute im Dorf zeigen mir den Weg zu ihrem Haus. Amina Lawal ist hübscher als auf dem alten Bild. Sie ist jetzt 34, stillt ein Baby. Es entstammt einer neuen Ehe, ihrer zweiten, aber die ging schon wieder zu Bruch. Dies ist das Haus der Eltern. An der Wand des winzigen Zimmers hängt im großen Rahmen das Gesicht mit den traurigen Augen; es scheint zu groß für den kleinen Raum, wie das Foto eines fernen Stars. Amina nennt sich selbst „den Fall", sie will Distanz zur Vergangenheit, am liebsten gar nicht darüber reden. Einmal sagt sie, wie zu sich selbst: „Ich habe vergessen, welche Antworten man in Interviews gibt."

18 Monate lebte sie mit dem Todesurteil; dann wurde es in dritter Instanz endlich aufgehoben. Nigerianische Anwältinnen, Frauenrechtlerinnen und Menschenrechtsgruppen hatten Amina zur Seite gestanden – muslimische wie christliche.

Eine Entschädigung bekam sie nicht; sie blieb einfach zurück, nachdem die große Welle über sie hinweggegangen war. Eine Frau mit fünf Kindern; das erste bekam sie mit 14.

Leise sagt Amina, sie hätte gern ein kleines Startkapital, möchte einen Laden aufmachen, auf eigenen Füßen stehen.

Über Nigerias berühmtestes Justizopfer, über ihr Dorf, über die Region hat sich der Alltag gesenkt. Was aber ist das: Alltag mit der Scharia? Es war im Januar des Jahres 2000, als der erste Bundesstaat in Nordnigeria die islamischen Strafgesetze einführte; elf weitere Staaten folgten rasch. Niemand ist gesteinigt worden in den sieben Jahren seitdem. Von den sogenannten Körperstrafen wird allein die Prügelstrafe öfter vollstreckt, soweit bekannt nur an Männern, vor allem wegen Alkoholgenusses. Die Hiebe sollen mehr demütigen als schmerzen. Als ich mit einem derart Gezüchtigten sprechen will, schließt sich um ihn ein abwehrender Ring muslimischer Brüderlichkeit. Die Strafe sei Schande genug gewesen, den Täter durch Fragen zusätzlich zu beschämen, das wäre nicht rechtens.

Es ist nicht leicht, diese Region zu verstehen.

Der Islam ist in Nordnigeria wie Hirse: ein Grundnahrungsmittel. Die Kinder wachsen früh in religiöse Disziplin hinein, schon kleine Mädchen tragen Schleier, kleine Jungs rollen beim Freitagsgebet winzige Gebetsteppiche aus, manchmal knien sie sich falsch herum, so gibt es mehr zu sehen. In Haussa, der Hauptsprache des Nordens, gibt es kein weltliches Wort für „bitte"; man sagt stattdessen: „Vergelte es Allah!"

Seit annähernd tausend Jahren hat kein Eindringling hier je die Dominanz des Islam in Frage gestellt, auch die britischen Kolonialherren nicht. Sie fanden in Nordnigeria ein altes islamisches Reich vor, das Sokoto-Kalifat; sie machten daraus ein Protektorat und hielten sich – nach dem Prinzip: Teile und herrsche! – aus fast allem heraus. Um sich mit den muslimischen Feudalfürsten, den Emiren, gut zu stellen, verboten die Briten den christlichen Missionaren sogar den Zutritt zum Norden. Englisch und westliche Bildung breiteten sich nur im Süden aus – diese kulturelle Spaltung prägt Nigeria bis heute.

Und auch dieser Unterschied wirkt fort: Während sich die Menschen im Süden vor allem durch Ethnie und Stamm definierten, entwickelten die Nordnigerianer ab dem 19. Jahrhundert ein Gemeinschaftsgefühl als Muslime.

Die Briten ließen bis zur Mitte des 20. Jahrhunderts im Norden auch die islamischen Strafgesetze in Kraft, sie verboten nur Steinigung und Verstümmelung. Allerdings stellten sie die Scharia auf eine Ebene mit afrikanischem Gewohnheitsrecht und animistischen Praktiken – Nordnigerias Muslime sollten diese Beleidigung des für sie göttlichen Rechts nie vergessen.

Scharia, das heißt wörtlich: „Weg zur Wasserstelle". In einer Wüstenkultur bedeutet die Wasserstelle Überleben – das Überleben einer Gemeinschaft, und das verlangt Disziplin. Die Vorstellung mag helfen, ein hochkomplexes Rechtsgebilde zu verstehen, von dem die berüchtigten Strafen nur ein winziger Teil sind. Scharia, das sind sämtliche Vorschriften und Empfehlungen für das private wie öffentliche Leben, von der Hygiene bis zum Handelsrecht. Ihre Quellen sind zuerst der Koran, der in 500 Versen Verbindliches enthält, dann die in Tausenden von Anekdoten und Aussprüchen überlieferte Lebenspraxis des Propheten, ferner der Analogieschluss aus diesen primären Quellen und schließlich der Konsens berühmter Gelehrter, wenn sie Streitfragen zu entscheiden hatten.

Am Ende ist man wieder an der Wasserstelle: Im islamischen Recht rangiert die Gemeinschaft vor dem Individuum, die Wohlfahrt vor der Freiheit. Für Leute, die einen Stummel Kreide hüten müssen, ist das eine attraktive Idee.

Und so rollte dann durch zwölf Bundesstaaten des Nordens eine religiös-soziale Bewegung, die einheimische Intellektuelle im Rückblick „die Scharia-Revolution" nennen. Im ersten Bundesstaat kam die Idee noch von oben, von einem ehrgeizigen Gouverneur; danach war der Geist aus der Flasche, er ergriff die Armen wie ein Heilsversprechen. Die Scharia würde sie befreien von den schlimmsten nigerianischen Plagen, von Korruption und Amtsmissbrauch. Die Richter würden fortan unbestechlich sein, die großen Diebe würden ihre Geldkoffer fallen lassen, und niemand würde Not leiden, denn die Reichen würden für die Armen sorgen – steht es so nicht im Koran?

Das war die Hoffnung. Die Hoffnung war das andere Gesicht der Scharia, eines, das wir besser verstehen können.

Aber die Hoffnung wurde verraten. Die neuen Gesetze trafen vor allem die kleinen Leute. Das bescheidene Anwesen der Eltern von Amina Lawal ist dafür ein symbolischer Ort: eine Koranschule. Aminas Vater unterrichtet hier ein gutes Dutzend Kinder, er lebt von Spenden. Amina ging, seitdem sie laufen konnte, in die Schule des Vaters. Die Tochter eines Koranlehrers das bekannteste Opfer der Scharia – welch eine bittere Ironie! Die ersten beiden Täter, denen wegen Diebstahls eine Hand amputiert wurde, waren ein Kuhdieb und ein Fahrraddieb.

Schlampig verfasste Gesetze, unkundige Richter, machthungrige Politiker, fanatische Religionsgelehrte – das war die böse Rezeptur für eine Serie von drakonischen und fehlerhaften Urteilen in den ersten zwei Scharia-Jahren. Meistens wurden sie später aufgehoben – oder die Strafen nicht vollstreckt. Dutzende Nigerianer, wegen Diebstahls zu Verstümmelung verurteilt, harren seit Jahren im Gefängnis ihres Schicksals; manche werden nun begnadigt.

Auch dies ist eine bittere Ironie: Nigerias islamische Richter haben zunächst geurteilt, als wollten sie alle westlichen Schreckensvorstellungen vom islamischen Recht erfüllen. Denn im Verlauf von Jahrhunderten islamischer Geschichte sind Steinigung und Amputation nur selten tatsächlich praktiziert worden. Zum Vergleich: Die belgischen Kolonialherren im Kongo schlugen Einheimischen, die zu geringe Kautschukmengen ablieferten, gleich beide Hände ab; es gibt Gruppenfotos derart Verstümmelter. Und doch gilt Amputation heute nicht etwa als belgisch oder christlich, sondern als islamisch.

Im islamischen Recht dienen die drakonischen Strafen vor allem der Abschreckung; deshalb wurden die Anforderungen an Beweise und Zeugen fast unerreichbar hoch angesetzt. Die Balance aus Schärfe und Milde zu wahren, die Kunst der Verfahrensregeln zu beherrschen, dafür fehlte es Nigerias Kadis an Rechtskenntnissen – und an religiöser Herzensbildung.

So passt die nigerianische Scharia-Erfahrung zu einem typischen Phänomen der gegenwärtigen muslimischen Welt: Der nostalgische Rückblick auf die goldenen Zeiten des Islam verführt dazu, Instrumente aus der Vergangenheit in die Gegenwart zu holen. Doch die Finesse, sie zu benutzen, ist den heutigen Muslimen verloren gegangen.

„Viele unserer Gelehrten haben ein fossiles Verhältnis zum Leben", sagt die Journalistin Bilkisu Yusuf. „Sie verstehen es nicht, die Lehren aus der Zeit des Propheten so anzuwenden, dass eine progressive islamische Gesellschaft entsteht. Sie ignorieren die brennenden Bedürfnisse der Menschen." Die 54-jährige Bilkisu stammt selbst aus einer Familie von Islamlehrern; sie studierte Politikwissenschaft, arbeitete für Zeitungen und beim Fernsehen und leitete eine Weile Nigerias muslimischen Frauenverband. Die eloquente und elegante Aktivistin, die sich gerne in leuchtende Farben kleidet, verkörpert eine andere Seite des Islam in Nordnigeria: weltoffen und sozialreformerisch, aber dabei keineswegs säkular.

„Scharia bedeutet, dass die Leute den Gouverneur fragen können: ‚He, von welchem Geld hast du dir dein teures Hemd gekauft?'" Bilkisu unterstützt die Anti-Korruptions-Agentur Transparency International, und eine Scharia-geleitete öffentliche Moral zielt für sie in eine ähnliche Richtung: „Die Scharia stellt die Immunität und die Privilegien der Mächtigen in Frage, verlangt Rechenschaft von den Führern."

Progressive, meist akademisch gebildete Muslime des Nordens arbeiten nun an etwas, das sie „die wirkliche Scharia" nennen, im Unterschied zur „politischen Scharia" der vergangenen Jahre. Dem Schock über Steinigungsurteile und blutige Krawalle folgten Konferenzen und Studien; die Krise brachte nigerianische Feministinnen und traditionelle Imame erstmals an einen Tisch, unterstützt durch westliche Förderer, von deutscher Seite durch die Heinrich-Böll-Stiftung.

Ist es möglich, das religiös artikulierte Gerechtigkeitsverlangen der Massen von Fanatismus zu befreien und für politischen Fortschritt zu nutzen? Ein gewaltiges Unterfangen. Aber für die muslimischen Reformer gibt es dazu keine Alternative. „Kein Politiker in Nordnigeria wird es wagen, die Scharia wieder abzuschaffen", sagt der Historiker Hamid Boboyi. Er leitet das *Arewa House*, ein angesehenes Forschungsinstitut. „Es gibt keinen Weg zurück. Und anstatt uns gegen den Trend der Massen zu stellen, sollten wir den Trend für eine progressive Entwicklung nutzen."

Die Reform hat nun mit einer besseren Ausbildung der Richter begonnen. Islamisches Recht ist durchaus flexibel, gerade weil es sich aus so vielen Quellen speist und sich dazu noch in vier Rechtsschulen teilt. Und eine sanfte Modernisierung ist möglich bei der Kodifizierung, das heißt wenn die Scharia in Gesetzesform gegossen wird. Denn dabei kann ganz eklektizistisch diese oder jene liberalere Lehrmeinung bevorzugt werden. Viele islamische Länder haben auf diesem parlamentarischen Weg bereits das Scharia-Familienrecht reformiert: Frauen bekamen das Recht auf Scheidung, die Polygamie wurde eingeschränkt oder bis zur praktischen Unmöglichkeit erschwert.

Strafen gänzlich abzuschaffen, die im Koran oder in gesicherten Prophetenauskünften explizit genannt werden, das halten die meisten gläubigen Muslime für unmöglich – auch wenn sich ihre persönliche Vorstellung von Humanität nicht von unserer unterscheidet. Göttliches Recht lässt sich nicht ächten, sagen sie. Wer dafür wirbt, die Körperstrafen wie auch die Todesstrafe in der islamischen Welt durch ein Moratorium auszusetzen, sollte deshalb nicht gleich verdächtigt werden, ein Henker im Schafspelz zu sein.

Außerhalb Nigerias gelten die Scharia-Strafgesetze nur in wenigen Ländern: im Iran, im Sudan, in Saudi-Arabien, Libyen und Pakistan – und jeweils gelten sie anders. Im sozialistischen Libyen haben die Bestimmungen nur Alibicharakter. In Pakistan sind sie hingegen zur Waffe männlicher Obsessionen von Ehre geworden und haben Tausende von Frauen ins Gefängnis gebracht: Sie wurden willkürlich des Ehebruchs bezichtigt.

„Nicht die Scharia, sondern die patriarchalische Tradition ist der Feind der Frauen", sagt die nigerianische Anwältin Fatima Idris. Während des Prozesses von Amina Lawal saß sie damals als Beobachterin im Gerichtssaal, gemeinsam mit anderen Frauenrechts- und Menschenrechtsaktivisten. „Wir wollten unsere Solidarität zeigen." Fatima ist 38 und betreibt schon seit 14 Jahren ihre eigene Kanzlei. An diesem Morgen war sie vor Gericht, trägt jetzt noch die Anwaltsuniform, ein schwarzes Jackett zum langen schwarzen Rock. Ihr Büro ist zur Mittagszeit brütend heiß, Klimaanlage und Ventilator stehen wegen Stromausfalls still, und vor dem offenen Fenster dröhnt eine Baumaschine. Aber all das mindert nicht die Verve, mit der die Anwältin von ihren Fällen erzählt. Sie vertritt Mandantinnen vor Scharia-Gerichten, oft wegen häuslicher Gewalt. „Viele Frauen sind zu fatalistisch! Sie geben mitten im Prozess auf, wenn ihre Familien sagen: Überlass' es Gott!"

Fatima ist stolz, dass die erste Richterin in Nigerias nationalem Supreme Court eine Muslimin ist. Auch im Norden gibt es hochrangige muslimische Richterinnen – jedoch nur an weltlichen Gerichten. Im Scharia-Gericht darf keine Frau urteilen, so bestimmt es zumindest die in Westafrika vorherrschende malikitische Rechtsschule des Islam. Die Existenz von vier islamischen Rechtsschulen unterstreicht eigentlich, dass solche Interpretationen disputierbares Menschenwerk sind. Aber die Anwältin Fatima begehrt trotz aller sonstigen Courage nicht dagegen auf, sie akzeptiert die rein männliche Richtergewalt als göttlichen Willen. „Dekrete von Allah können wir nicht ändern. Niemals!", sagt sie. „Selbst wenn alle Muslime der Welt es wünschten."

Im christlichen Südosten Nigerias muss manche Witwe das Wasser trinken, mit dem die Leiche des Ehemannes gewaschen wurde: So soll sie beweisen, dass sie an seinem Tod nicht schuld sei. Traditionelle afrikanische Gebräuche können sehr frauenverachtend sein, und die christlichen Kirchen haben sich damit zu lange arrangiert.

Im islamischen Norden ist es nun so, dass vieles, was tagtäglich in den Familien passiert, der Scharia widerspricht: Mädchen am Schulbesuch hindern oder sie gegen ihren Willen verheiraten, Frauen das erbte Land verwehren oder den Besuch beim Arzt – all das ist nach einem wohlverstandenen islamischen Recht nicht erlaubt. Die genannten Beispiele finden sich in einer Broschüre, die das

British Council gemeinsam mit dem nigerianischen Centre for Islamic Legal Studies verfasst hat. „Frauenrechte fördern durch Scharia", lautet der provokante Titel. Die entsprechende Aufklärungskampagne wird mit britischer Entwicklungshilfe unterstützt. Das ist wirklich neu: Eine westliche Regierung besetzt die Scharia positiv.

Ein Vogelschwarm zieht über die neckischen weißen Zinnen des Emir-Palastes von Kano. Es ist eine der ältesten Städte Westafrikas, mehr als tausend Jahre alt. Abstrakte Ornamente bedecken die schlichten Lehmmauern des Palastes; im Innern verwirrt ein raffiniertes System von Höfen und Durchgängen – so kann kein Fremder unbemerkt zu den Frauenquartieren vordringen. Dies ist ein Palast der Polygamie: Der 76-jährige Emir hat mit vier Frauen und diversen Konkubinen siebzig Kinder. 500 Familienangehörige leben auf dem Palastgelände.

Das historische Kano war ein mächtiger Stadtstaat, ein Handelszentrum der Karawanenära. Mit den Händlern kamen damals gelehrte Muslime in diesen Teil Afrikas, sie waren wegen ihrer Kenntnisse bei Hofe geschätzt und nahmen eine ähnliche Rolle ein wie Geistliche für die europäischen Fürsten im Mittelalter. Im 14. Jahrhundert konvertierte auf dem Gelände dieses Palastes der erste einheimische König. Der Islam blieb noch lange eine Palastreligion, eine Religion der Elite.

Aus dem Südtor kommt uns eine berittene Palastwache in T-Shirts entgegen; der Emir ist aushäusig, da geht alles salopp zu – und seine Zweitfrau ist bereit, mich zu empfangen. Prinzessin Abba ist eine ältere Dame; sie sitzt auf einem Sessel in einem ungeheuer hohen Raum, der früher die Bibliothek des Palastes war. Nun läuft hier ein profaner Fernseher. Ich nehme auf der Matte zu Füßen des Sessels Platz. „Früher", sagt die Prinzessin wehmütig, „hatten wir zur Unterhaltung Papageien, Musikinstrumente und Geschichtenerzählerinnen. Heute haben wir nur Fernsehen und Video. Wie langweilig." Sie selbst unterrichtet als Lehrerin im Palast, hat mit dem Emir viele Auslandsreisen gemacht. Als ich mich verabschiede, sagt sie unvermittelt: „I'm a girl guide!" Wie bitte? Feuermachen, Pfadfinderknoten, auch das bringe sie den Mädchen der großen Palastfamilie bei.

Draußen hat sich ein gelb-sandiges Abendlicht über die Lehmarchitektur gelegt. Ein paar Schwestern des Emirs sitzen im Hof auf Mäuerchen herum und schauen der Dämmerung zu. Sie wirken nicht besonders königlich, doch die Vorbeigehenden verneigen sich und berühren dabei mit einer eleganten, nur angedeuteten Bewegung den Boden.

In solchen Momenten kann Nordnigeria den Besucher einhüllen in eine sehr spezielle Atmosphäre; sie mag geistig eng sein, aber vermittelt doch ein Gefühl für Würde, und wenn es nur die Würde ist, sich dem westlichen Lebensstil und dem Diktat der Beschleunigung zu entziehen.

Wer auf sich hält, kleidet sich in traditionelle, stoffreiche Gewänder; wer Westliches trägt, wirkt ärmlich.

Doch das Gerüst des Althergebrachten hält immer weniger zusammen. Jenseits der Palastmauern ist Kano eine unruhige, fiebernde Millionen-Metropole. Nigerias zweitgrößte Stadt war oft Schauplatz von Gewalt. Heerscharen arbeitsloser junger Männer und mittelloser Studenten von Koranschulen stellen ein leicht erregbares Potenzial dar. Im Fagge-Viertel, wo viele von ihnen leben, muss ich nicht lange suchen, um junge Männer zu finden, die Usama bin Laden für einen „guten Führer" halten. Weil er „sauber" sei, sagen sie, weil er nichts für sich selbst wolle.

Diese Stimmung hat im Bundesstaat Kano einen Außenseiter zum Gouverneur gemacht: Der Lehrer kam ohne Seilschaft, ohne Reichtum ins Amt – so etwas passiert selten in Nigeria. „Unehrlichkeit führt zu nichts. Versuch's mit Ehrlichkeit!", mahnen nun große Tafeln im Stadtgebiet. Auch dies ist Scharia: Der Gouverneur identifizierte mehr als hundert „gesellschaftliche Übel", darunter die „Zügellosigkeit" der Jugend, und entwarf Programme für moralische Erneuerung. Sie heißen „Bring dein Haus in Ordnung!" oder „Richtet eure Reihen!". Letzteres spielt auf die Gebetsreihen in der Moschee an: Sie seien nicht nur Ausdruck der Gleichheit vor Gott, sondern symbolisierten auch Ordnung und Disziplin.

Auf dem Vorplatz eines Gerichts stehen Hunderte von Mopeds, daneben ebenso viele junge Männer mit mürrischen Mienen. Sie sind Taxifahrer, ihre Mopeds wurden konfisziert bei der jüngsten Moralkampagne: Die Männer hatten weibliche Fahrgäste hintendrauf mitgenommen, und das ist jetzt verboten. Ein Mann und eine Frau so eng zusammen, das ist quasi eine Vorstufe zum Ehebruch, und davon soll Kano gereinigt werden. Die Maßnahme ist reichlich unpopulär, nicht nur bei den Fahrern, die empfindliche Geldstrafen zahlen müssen. Frauen warten oft Stunden, bis sie eines der neuen, dreirädrigen „Frauentaxis" erwischen.

Wieder zielt die Scharia auf die kleinen Leute. Als gäbe es keine größeren Unanständigkeiten.

Bei den inoffiziellen Prostituierten im christlichen Viertel von Kano seien die meisten Kunden Muslime, sagt ein Insider, gleichfalls in den paar christlichen Tavernen, die Alkohol ausschenken dürfen. Auf einer professionell organisierten Achse reisen männliche und weibliche Prostituierte von Kano sogar ins saudi-arabische Jeddah, mit einem Pilgervisum.

Der wahre Feind des armen Muslims in Nordnigeria ist – der reiche Muslim. Das hat Lamido Sanusi geschrieben, ein streitlustiger Intellektueller; er ist zugleich leitender Manager einer großen Bank und Experte für islamisches Recht. Die Praxis der Scharia in Nordnigeria sei eine „Travestie", meinte er, sie mache den Islam lächerlich. Für diese Bemerkungen haben ihn manche als „Feind des Islam" beschimpft und als einen nigerianischen Salman Rushdie.

Ich treffe Lamido Sanusi bei einem Abendessen. Ein überaus höflicher, aristokratischer, feingliedriger Mann, der es sichtlich genießt, umstritten zu sein. Auch im eigenen Leben verbindet er sehr eigenwillig Feudales und Modernes. Er gehört zur Familie des Emirs von Kano, doch man trifft den 44-Jährigen eher in Lagos an, auch in London; an allen drei Orten hat er eine Ehefrau, und mit ihnen zusammen zehn Kinder. „Darauf bin ich sehr stolz!" Warum solle er die Polygamie verstecken? Seinen Frauen gehe es gut, er nennt sich kokett einen „feministischen Polygamisten". Früher war er Marxist – und entdeckte dann, dass es „etwas Drittes" gebe neben Kapitalismus und Sozialismus: den Islam.

Lamidos Analysen werden von Experten geschätzt. Die Globalisierung, schrieb er, zerre das Gewebe der Gesellschaft Nigerias diametral auseinander – der Süden beeinflusst vom westlichen Diskurs, der Norden vom arabisch-islamischen. Die Muslime Nordnigerias stünden kulturell „dem Rest der islamischen Welt näher als dem Rest des eigenen Landes.".

Wird also in Nigeria auf kleiner Bühne ein ähnliches Stück gespielt wie im großen Welttheater? Die Spannungen zwischen Nord und Süd, zwischen Muslimen und Christen nehmen zu, und wann immer auf der Weltbühne ein *clash of civilizations* geprobt wird, hier findet er sein Echo.

In einem schlichten Seminarraum haben sich Akademiker und demokratische Aktivisten des Nordens versammelt,

Frauen und Männer, die meisten zeichnen mit *Haji* oder weiblich *Hajiya* vor dem Namen, mit dem Titel von Mekkapilgern. Die Versammelten wollen den *clash* nicht, sie sind besorgt, wie Nord und Süd in Nigeria auseinanderdriften, und suchen nach den Gründen.

Traditionell war das Gefälle schon groß: Ein Haushalt in Lagos hat im Schnitt ein sechsfach höheres Einkommen; fast alle großen Industrieprojekte der Regierung sind im Süden; fünf der Scharia-Staaten im Norden gelten nach dem internationalen Index als „extrem arm". Aber nun kommt noch etwas anderes hinzu: Seit im Jahr 1999 Nigerias demokratische Ära begann, hat sich im Norden ein religiös-kultureller Widerstand entwickelt gegen vermeintlich „westliche" Entwicklungsziele und internationale Abkommen. Eine Polio-Impfkampagne geriet in den Verdacht, die Impfung mache unfruchtbar. Eine Charta zum Schutz von Kinderrechten kollidierte damit, dass der Islam Strafmündigkeit ab der Geschlechtsreife zulässt. Und eine Kampagne gegen die Todesstrafe erregte im Norden den Verdacht, sie sei ein gezielter Angriff auf die Scharia.

So spiegelt sich in Nigeria die psychologische Verknotung wider, die auch anderswo das Verhältnis zwischen der islamischen und der westlichen Welt so heillos verkompliziert: Die Muslime fühlen sich stets an den Rand gedrängt, während ihr Gegenüber sie als Bedrohung empfindet.

An der Wand des schlichten Seminarraums hängt ein Bild von Aminu Kano, einem hiesigen muslimischen Reformpolitiker der siebziger Jahre, einem Vorbild für die progressiven Muslime von heute. Weil er Mädchenschulen baute und die Alphabetisierung vorantrieb, zeichnete die UNESCO ihn aus. Aminu Kano war selbst Islamgelehrter, aber er setzte sich für die Verbreitung säkularer Bildung ein, er baute Brücken zwischen jenen zwei Identitäten, die sich nun als so gegensätzlich empfinden: der traditionell-islamischen und der westlich-modernen. Die Brücken waren also möglich, nur heute sind sie eingestürzt.

Die meisten Kinder im Norden kommen mit säkularer Bildung überhaupt nicht in Berührung, sondern besuchen nur eine Koranschule wie diese: Im langen Schatten, den eine Hauswand auf die sandige Straße wirft, sitzen fünf Dutzend Kinder dicht an dicht. Es sind überwiegend Jungen. Das ist nicht immer so, eine kleine Gruppe Mädchen sitzt vorne beim Lehrer. Die Kinder lernen zuerst die Buchstaben des arabischen Alphabets, malen sie auf Holzbrettchen, dann lernen sie den Klang der Koranverse, lernen so das ganze heilige Buch auswendig. Erst viel später, falls sie auf eine weiterführende Islamschule gehen, werden sie den Koran verstehen lernen.

Als die Jungen merken, dass ich sie fotografiere, halten sie erst zögernd, dann zunehmend begeistert ihre Koranblätter hoch, springen auf, rufen „Allahu Akbar" – als sei das die einzig richtige Antwort, wenn eine Westlerin mit Kamera vor ihnen steht. Sie lachen dabei, schwenken Mützen, sind ganz hingerissen von ihrer eigenen Aufführung.

Fundamentalistisch, islamistisch, diese Schlagworte taugen wenig zur Beschreibung Nordnigerias. Ich erlebe als Ausländerin keine Feindseligkeit; viele wollen reden, sich erklären.

Fahrt nach Katsina, hoch oben im Norden, nicht weit von der Grenze zum Nachbarland Niger.

In der Einöde außerhalb der Stadt stehen neue Gebäude mit roten Dächern und Klimaanlage – das ist der Beginn von „Nigerias erster islamischer Universität", einer Privatinitiative. 250 Geschäftsleute haben umgerechnet drei Millionen Euro aufgebracht, sie erwarten zusätzlich Geld aus

Saudi-Arabien. Allein das lässt darauf schließen, dass hier nicht der toleranteste Islam gelehrt werden soll.

Katsina – der Name birgt für afrikanische Muslime einen vergessenen Glanz, den die Universitätsgründer gerne wieder polieren würden. Wie Timbuktu war die Stadt einst ein berühmtes Zentrum islamischer Bildung. Um bei Katsinas Gelehrten zu studieren, kamen Muslime selbst aus Marokko angereist. Von der Moschee-Universität steht heute nur noch das Minarett, ein ockerfarbener Turm, an dessen Treppenfuß sonnenhungrige Eidechsen dösen.

Sani Abubakar Lugga, der wohlhabende Initiator der Universität, hat zum Gespräch in sein Haus geladen. Ein riesiges Empfangszimmer, Scheich Sani, 56, in üppiger Tracht, zur Rechten fünf Telefongeräte, zur Linken vier Handys, ringsum an den Wänden der Eitle selbst im Bild: Er ist der Rangzweite nach dem örtlichen Emir, ein vielgereister Manager, er hat sich in Deutschland und England fortgebildet. Das Ziel der islamischen Universität beschreibt er so: „Modernisierung ohne Verwestlichung". Das heißt: Säkulare Fächer, Koedukation, Nicht-Muslime sind zugelassen. Aber: „Was immer studiert wird, es muss mit dem Islam übereinstimmen. Natürlich ist Biologie islamische Biologie."

Das Gespräch endet abrupt, es ist Gebetszeit. Scheich Sani entschwindet mitsamt seiner Entourage, jenem Dutzend Männer, die in solchen Zimmern immer anwesend zu sein scheinen. Sie hatten Fußball im Satellitenfernsehen geguckt. Bevor alle mit rauschenden Gewändern den Raum verließen, war gerade noch Zeit für eine bemerkenswerte Verabschiedung: Meinen einheimischen männlichen Begleitern streckte Scheich Sani einen Arm leicht abwärts weisend hin, eine herrische Geste, vor der sie sich verneigten. Mir schüttelte der Scheich eine Sekunde später leutselig die Hand: Den Wechsel zwischen den Sitten beherrschte er wie im Spiel.

Über Personen wie diesen Scheich nimmt Saudi-Arabien Einfluss, doch bleibt der Einfluss begrenzt. „Izala", eine vom saudischen Purismus geprägte Strömung, war vor zwanzig Jahren bedeutender als heute. Izalas Religionsschulen haben den islamischen Fächerkanon modernisiert und Zigtausende von Mädchen erstmals auf die Schulbänke gebracht. Von der Begegnung mit einem führenden Izala-Funktionär bleibt indes nur haften, dass der Mann einen ortsunüblichen arabischen Turban trug („weil der Prophet das getan hat") und dass sein Mobiltelefon als Klingelton „Allahu Akbar" rief.

Manche Intellektuelle hören auf radikale Stimmen, aber die Masse des Volkes bleibt einem traditionellen, am Sufismus orientierten Islam treu. Der siebzigjährige Dahiru Usman Bauchi ist einer der populärsten Sufi-Scheichs. Er reist viel im Land herum. Ich habe Glück, treffe ihn eher zufällig, und er ist in milder Höflichkeit sofort zu einem Gespräch bereit. Der Scheich trägt ein leuchtend grün besticktes Gewand, darunter ein zweites goldbraunes; ein Gehilfe streicht ihm liebevoll die Stoffe auf den Knien glatt, schiebt ihm die Füße nach dem Gespräch in braune Lederpantöffelchen. Die Augen des Alten wirken gebrechlich, aber sein Geist ist wach, der Scheich spricht lebhaft, unterstreicht seine Worte mit schönen, kräftigen Händen. Auf die Frage, ob Musik verboten sei, wie manche radikale Muslime meinen, antwortet er: „Musik ist wie eine Tasche; man kann Erlaubtes oder Verbotenes hineintun. Sich bei Musik entspannen, das ist erlaubt. Wenn Musik Unverheiratete dazu bringt, zusammen zu tanzen, dann ist sie verboten." Die Saudis, sagt er, wollten das Bewusstsein der Menschen „mit Dollars" erobern. „Aber eine Predigt sollte sanft sein, schlicht und weise." Danach betet er stumm für die Anwesenden, und die versammelten Männer streichen sich zur Bestätigung des Segens über die Gesichter.

Wir fahren weiter, bis in die Nähe der Landesgrenze zum Staat Niger, um einen traditionellen islamischen Führer an der Basis zu besuchen. Der *Sarki*, eine Art König von neun Dörfern, ruht in zitronengelbem Gewand auf einem Liegestuhl, neben sich ein Tischchen mit Essenskrümeln und Fliegen. Auf dem Boden sitzt das obligatorische Dutzend Männer. Die Dynastie des kleinen Königs reicht zurück bis vor die Kolonialzeit, er selbst trägt den Titel seit 49 Jahren, alles scheint hier auf Dauer angelegt: vier Frauen, 27 Kinder, 125 Enkelkinder; von den meisten wisse er den Namen.

Ein Sohn zeigt die Narben des Clans auf seinen Schläfen, einen doppelten Schrägstrich: Früher dienten die Narben als Erkennungsmerkmal, damit weitläufig Verwandte einander im Kampf nicht versehentlich töteten.

Der Sarki ist kein Hinterwäldler, er hört Deutsche Welle in Haussa und fragt mich unvermittelt, im Ton eines Salongesprächs: „Sind Sie alt genug, um Hitler gekannt zu haben?" Erst jetzt fällt auf, dass da zwischen Fliegen und Essenskrümeln eine schwarze Brille liegt – der König ist blind. Was die Bauern in seinen neun Dörfern plagt, sieht er nicht mehr, aber kennt es zur Genüge: Nomaden aus dem Niger und sogar aus dem Tschad treiben ihre Herden rücksichtslos über die Äcker, lassen sie die Getreidespeicher ausräubern, die Ernte vernichten. Riesige Rinderherden sind es, manchmal Tausende Tiere stark; die Nomaden sind bewaffnet. Der blinde Sarki versucht zu vermitteln; sobald die Konflikte blutig werden, ist nicht mehr er zuständig, sondern die lokale Regierung.

Bauern gegen Nomaden, das ist ein Konfliktmuster auch in anderen Teilen Nigerias. Wenn dabei Christen gegen Muslime kämpfen, dann melden die Korrespondenten einen religiösen Konflikt, und die Welt horcht auf. Hier stehen auf beiden Seiten Muslime, ethnisch verwandt: ein ganz gewöhnlicher Kampf um die knappen Ressourcen der Sahelzone.

Ein riesiger Lastwagen rattert vorbei, er hüllt die Straße in Staub, die großen weißen Lettern auf dem Wagen sind gerade noch zu erkennen: Möge Allah uns schützen.

Wie ein Mahnmal steht das Stahlskelett einer ausgebrannten Kirche im Abendlicht. Wir sind in Kaduna, der letzten Station unserer Reise. Hier wird der Norden südlich, Christen und Muslime sind hier annähernd gleich stark. Kaduna war früher eine kosmopolitische Stadt, Kirchen und Moscheen, Bierbars und Koranschulen standen fast Wand an Wand. Heute ist Kaduna eine Stadt der Trennung, der Segregation, ein Beirut in der Savanne.

Neben dem Skelett der ausgebrannten Kirche gähnt eine freie Fläche, groß wie ein Fußballfeld. Hier standen Häuser von Christen. Auf den zerbrochenen Quadern eines Fundaments sitzen junge Männer, junge Muslime. „Hier war Krieg", sagt einer von ihnen. „Wir wissen nicht genau, was passiert ist, wir sind erst nach dem Krieg hierhin gezogen." Kein Christ wohnt mehr in diesem Viertel, so wie in einem anderem einst gemischten Viertel kaum ein Muslim mehr wohnt. „Zum Verkauf" hat dort jemand an die Mauern einer brandgeschwärzten Häuserzeile gepinselt; die einstigen Nachbarn verkaufen billig.

5000 Tote zählte Kaduna in den vergangenen Jahren. Die Kämpfe entzündeten sich an religiösen Empfindlichkeiten und Ängsten, luden sich dann auf mit lokalem politischen Konfliktstoff. Als die Einführung der Scharia angekündigt wurde, demonstrierten Christen unter dem Slogan „Zur Hölle mit der Scharia"; im nachfolgenden Gewaltausbruch starben zweitausend Menschen, 80 000 flüchteten aus ihren Häusern. Als in Nigeria während des Fastenmonats ein

Miss-World-Wettbewerb ausgetragen werden sollte, brach tödlicher Sturm aus wegen eines unbedachten Witzes in einer Tageszeitung: Der Prophet hätte sicher eher eine Schönheitskönigin geheiratet, als gegen den Wettbewerb zu protestieren.

Kaduna hat aus diesen Krisen gelernt und Prävention eingeübt. Ein Sicherheitsrat tritt zusammen, sobald Spannung in der Luft liegt, die Gemeinden konsultieren einander, die Imame warnen in den Moscheen vor Gewalt. Und der Gouverneur, ein Muslim, versucht, mit Armutsbekämpfung, mit Mikrokrediten und mit einer Schlichtungsstelle für Streitigkeiten um Land den sozialen Zündstoff zu reduzieren. Denn die religiös konturierten Kriege trugen meist nur die unteren Schichten aus.

Und die Scharia? Ihre Vorschriften gelten jetzt nur in Kadunas muslimischen Vierteln. Die Segregation, das Kind der Gewalt, hat eine friedenstaugliche Lösung möglich gemacht. Scharia im Puzzleformat: Man könnte es ein Kuriosum der Rechtsgeschichte nennen, wären da nicht die vielen Toten.

Mädchen in T-Shirts, daran erkennt auch ein ungeübtes Auge: Dies ist ein Christenviertel. Oder an der lauten Musik, die aus einem Kiosk für Kassetten und Videos dringt. Es gibt noch andere Zeichen, nur für den kundigen Blick. Ein bestimmter Brotstand am Straßenrand. Oder ein Laden in einem Container. „So etwas würden wir nicht machen", erklärt ein Muslim.

Erst wenn man das alles kennt, die Toten, die Vertriebenen, die Säuberungen und dann noch das „wir", das es bei der Betrachtung eines Brotstands geben kann, sollte man Pastor James Wuye besuchen. Er legt seine dunkelbraune Handprothese zwischen die Papierstapel auf seinem Schreibtisch. Die Prothese ist aus Deutschland, seine Hand verlor der Pastor im Kampf gegen Muslime. Er war der Anführer einer christlichen Miliz, bewaffnet mit Speeren, Macheten und Hass.

Zusammen mit einem Imam, der früher sein Gegner im Straßenkampf war, hat der Pastor das „Interfaith Mediation Centre" aufgebaut: Die beiden versuchen, in winzigen Schritten wieder Vertrauen aufzubauen zwischen blutig verfeindeten Nachbarn, Gemeinden und Stadtvierteln.

Der Pastor erinnert sich, wie bei den Kämpfen um die Scharia zwei bewaffnete Christenmädchen zu ihm sagten: „Geh aus dem Weg, Frau! Gib uns deine Hose und zieh unsere Röcke an, wenn du nicht kämpfen willst." Christliche Männer, sagt er, räucherten die Häuser von Muslimen aus, „als wären sie Ratten", draußen warteten Christenfrauen, um die Fliehenden zu töten. Der Pastor wendet sich einen Moment dem Imam zu: „Stell dir vor, die sind jetzt ganz normale Ehefrauen und Mütter."

Der Pastor & der Imam, das ist ein Markenzeichen geworden; das berühmte Duo hat ein Buch geschrieben, hat Nigerias Polizei geschult, wird in andere afrikanische Länder eingeladen. Bei alldem aber ist wichtig: Der Begriff inter-religiös ist hier wörtlich zu nehmen, es gibt keine neutrale Zone, keinen säkularen Schonraum. Das Ziel ist nicht weniger Religion, nicht weniger glauben, sondern – besser glauben.

Toleranz sei für ihn ein negativer Begriff, sagt der Pastor; richtig sei: Akzeptanz. „In Akzeptanz liegt Heilung, Heilung für dich selbst. Denn du kannst den anderen ja nicht ändern." Die Linie zwischen Christentum und Islam sei fein, aber sie schneide tief. Im Alltag, bei den Werten gebe es viel Gemeinsames, aber die Spiritualität sei sehr unterschiedlich. „Wir predigen keinen *Chrislam*, wir sagen: Bleib, wer du bist, leb deinen Glauben, und tu es so gut, wie du kannst!"

So schließt sich der Kreis zwischen Politik und Religion. Pastor & Imam lehren auf Seminaren, wie Christen und Muslime gemeinsam gegen die nigerianischen Plagen kämpfen sollen: Ihr Handbuch propagiert *good governance* mit einschlägigen Zitaten aus Bibel und Koran, mit Gleichnissen von Mohammed und Jesus.

„Unsere Leidenschaft für Religion ist so stark; mit Religion kannst du hier jemanden dazu bringen, Vater und Mutter umzubringen", sagt der Pastor. „Aber wenn wir wirklich alle gottesfürchtig wären, dann hätte Nigeria nicht solche Probleme."

Anatolische Tiger gegen Atatürks Erben

Türkei: Ein selbstbewusster Islam bedrängt
die alten Eliten

Als die Mädchen die Polizisten sehen, öffnen sie ihre Kopftücher; sie tun es langsam und widerwillig, sie wollen nicht provozieren, aber sich auch nicht vorzeitig unterwerfen. Es sind noch drei Meter bis zum Portal der Istanbuler Universität, jetzt noch zwei. Der Stoff liegt lose auf dem Haar der Mädchen, sie zögern die Entblößung bis zur letzten Sekunde hinaus.

Alle sind blass vor Aufregung an diesem Morgen, nicht nur die Kopftuchmädchen. Sie sind eine Minderheit in der Menge junger Leute, die sich schweigend dem Tor der Universität entgegenschiebt. Gleich werden drinnen die Zulassungsprüfungen beginnen. Sie entscheiden darüber, wer studieren darf. Bleich vor Sorge bleiben Eltern und Geschwister zurück; sie werden hier ausharren die nächsten drei Stunden, hoffend und bangend. So ist es an diesem Sonntagmorgen in der ganzen Türkei. Viele Familien haben sich krummgelegt, eine teure Schule bezahlt, haben seit Jahren hingelebt auf diesen einen Tag.

Für die Kopftuchmädchen liegt vor der Prüfung dort drinnen die Prüfung hier draußen: Was ist ihnen wichtiger: ihre Bildung, ihr künftiger Beruf – oder ihr religiöses Empfinden? Der türkische Staat kennt keine Gnade, nicht einmal an diesem Tag – kein Schritt in eine Universität mit Kopftuch! Die Mädchen sind 17, 18 Jahre, gleich sollen sie drinnen ihre Bestleistung bringen, und vorher werden sie zu einer Entscheidung gezwungen, die so unnötig erscheint und die ihnen doch ans Innerste geht: Wer aus religiösen

Gründen ein Kopftuch trägt, zieht es nicht aus wie eine Skimütze.

Wo die Polizisten stehen, verschwinden die letzten Zipfel Tuch. Drinnen, vor den Prüfungssälen, warten die Fernsehkameras, die Fotografen. Auch die säkularen Medien kennen keine Nachsicht, lassen den Mädchen keine Wahl. Prüflinge, ordnungsgemäß unverschleiert, ein Routinebild für die Nachrichten.

Als die jungen Leute nicht mehr zu sehen sind, tritt auf der Straße aus der Gruppe der wartenden Eltern ein Vater vor mich hin und fragt in leicht theatralischem Ton: „Stört sich Europa an türkischen Kopftüchern?" Was soll ich ihm antworten? Der Europäische Menschenrechtsgerichtshof in Straßburg hat das türkische Verbot gebilligt, hat sich gegen eine klagende Medizinstudentin auf die Seite des türkischen Staates gestellt. Mich hat die Szene am Universitätstor traurig gemacht. Gerade wenn man Länder kennt, wo die Verschleierung durch das Regime oder die Tradition erzwungen wird, kann einem der Zwang in umgekehrter Richtung nicht gefallen.

Wie in einem düsteren Märchen wird in der Türkei auf dem kleinen Stück Stoff ein großer, staubiger Kampf ausgetragen: um das Gesicht des Landes, um die Rolle der Religion, sogar um die Macht im Staat. Kein Gesetz, nur die Auslegung der Verfassung durch die obersten Richter untersagt das Kopftuch in Schulen und Universitäten, in allen Behörden und im Parlament. Das Tuch sei die Fahne der Republikfeinde, sagen die Richter, ein Symbol der Rebellion gegen den Laizismus, worunter man gemeinhin die Befreiung des öffentlichen Lebens von jeder religiösen Bindung versteht. In der Türkei wurde der Laizismus 1937, ein Jahr vor dem Tod von Kemal Atatürk, in der Verfassung verankert, als ein sogenanntes kemalistisches Prinzip.

Die Republik hat für die Frauenrechte damals einen großen Durchbruch gebracht. Die Vielehe wurde verboten, Scheidungs- und Erbrechte wurden egalisiert, und die Türkinnen bekamen bereits in den frühen dreißiger Jahren das aktive und passive Wahlrecht. Auch wenn der türkische Staat die Verschleierung von Frauen nie mochte: Die Konflikte begannen erst später, sie begannen nach dem Militärputsch 1980, verschärften sich nach der erneuten Intervention der Generäle 1997. Studentinnen mit Kopftuch wurden exmatrikuliert, Schülerinnen vom Unterricht ausgeschlossen, eine gewählte Abgeordnete sogar rüde des Parlaments verwiesen.

Weil sie ihr Haar nicht zeigen wollte, trug Emine eine Perücke, zwei Jahre lang, an einer Fachschule für Zahntechnik. Emine ist jetzt 25, eine hübsche Frau mit wachen Augen und einem offenem Lachen, das bereitwillig eine Zahnspange freilegt. Wir sitzen im Hof einer ehemaligen osmanischen Koranschule, einer Idylle mit Kelims, Kissen und Kacheln, die sich „mystischer Teegarten" nennt und mit den Geheimnissen der Vergangenheit wirbt. Wir aber reden über die Mystizismen der Gegenwart. An Emine wirkt nichts fanatisch oder verklemmt oder irgendwie seltsam. Sie schiebt ihr Passfoto mit Perücke über den Tisch, die falschen Haare waren lang, der Pony hing bis zu den Augen, „damit möglichst viel bedeckt wurde". Aber hübsch sah sie immer noch aus, sicher auch hübsch für Jungs. Ist das alles nicht absurd? „Ja", sagt Emine, „es ist absurd. Ich fühlte mich so unwohl, ich fühlte mich wie jemand anders. Aber ganz ohne hätte ich nicht gehen können. Es ist ein Trauma."

Später hat sie im Fernstudium einen Abschluss in *Business Administration* gemacht, gerade gründet sie eine Interessenvertretung für Zahntechniker. Zum Heiraten hatte sie noch keine Zeit, und auch danach möchte sie natürlich weiter arbeiten gehen. Eine emanzipierte, moderne Frau. Aber nein, das alles zählt nicht. Es kann nicht verhindern, dass sich in diesem Moment eine elegante alte Dame über unseren Tisch beugt und zu Emine hinüberzischt: „Du bist kein Kind der Republik!"

Was für ein Satz! Plötzlich wird dieser idyllische Teegarten zur politischen Bühne, zur kleinen Bühne im großen Streit: Kemalisten gegen Religiöse. Die alte Dame hatte Emines Erzählung mitgehört, sie war immer näher herangerückt, ihre Empörung gab ihr das Recht dazu: Ein Perückenmädchen verdient keine Privatsphäre. Die alte Dame hat gefärbtes Haar und lackierte Fingernägel, sie weiß die Moderne auf ihrer Seite sowie Atatürk und hilfsweise noch ihren Sohn: Der sekundiert mit Lektionen über die Verfassung. Emine bleibt gelassen, sie hat das schon oft erlebt. Sie sagt nur: „Ich bin wie Sie eine Bürgerin dieses Staates."

Es folgt dann noch ein zweiter Akt auf der kleinen Bühne. Kaum ist die Kemalistin abgetreten, tritt ein unverschleiertes Mädchen auf, mit rundlichen, nackten Armen und einem knapp sitzenden geringelten T-Shirt. Zur lebenslustigen Aufmachung kontrastiert der Ernst in ihrem Gesicht. Ob sie etwas zu unserem Thema sagen dürfe? Nagihan ist zwanzig, sie erzählt: „Als ich Studentin wurde, habe ich das Kopftuch ganz abgenommen. Erst habe ich jeden Tag geheult. Dann bin ich ins andere Extrem gekippt, bin im Bikini an den Strand gegangen, habe aufgehört, den Koran zu lesen. Erst langsam finde ich einen Mittelweg. Ich fühle mich schlecht, weil ich nicht so lebe, wie ich eigentlich leben will."

Geschichten, wie man sie an einem einzigen Vormittag sammeln kann. Mit ihren Schuldgefühlen und Gewissenskonflikten zahlen die jungen Frauen den Preis dafür, dass es in der Türkei kein Einvernehmen gibt in einer sehr grundlegenden Frage: Wie viel sichtbare Religiosität kann ein säkularer Staat akzeptieren? Und wie viel Religionsfreiheit muss eine Demokratie gewähren?

Die Tür zu einer Reform des erstarrten Staats-Säkularismus kann nur das türkische Verfassungsgericht öffnen – wenn es begänne, die republikanischen Grundlagen des Landes im Sinne von Demokratie und Vielfalt zu interpretieren. Der Staatspräsident spielt dabei eine entscheidende Rolle: Er beruft die Verfassungsrichter. Darum die Krise des Sommers 2007, darum der zugespitzte Machtkampf vor der Wahl des neuen Präsidenten Abdullah Gül. Der Amtseinführung des gemäßigt Religiösen blieben die Generäle demonstrativ fern: als würden sie einen Putsch erwägen, weil die First Lady sich in ein Stück Stoff hüllt.

Die obersten Richter behaupten gern, sie verteidigten die Republik gegen deren radikalste Feinde; tatsächlich ignorieren sie den Willen einer Mehrheit staatstreuer Bürger. Drei Viertel der Türken sagen in Umfragen, Studentinnen solle das Kopftuch erlaubt werden; darunter sind viele, die es selbst nie tragen oder bei ihren Töchtern missbilligen würden. Die Bevölkerung scheint toleranter, demokratischer als die säkularen Eliten, die sich seit Atatürks Zeit als Erzieher eines unreifen Volkes begreifen. Und die staatliche Religionsbehörde betrachtet das Kopftuch sogar als religiöse Pflicht – sie darf das indes nicht zu laut sagen, denn die Religion darf sich nicht in die Politik einmischen.

Manche Gerichtsurteile lassen sich nur im Rahmen des politischen Machtkampfs deuten, so grob missachten sie die Persönlichkeitsrechte verschleierter Frauen. Wenn eine Lehrerin privat ein Kopftuch trägt, kann sie keine Schulleiterin werden: Sie tauge nicht zum Vorbild. Ein hochrangiger Richter untersagte Lehrerinnen sogar auf dem Weg zur

Schule die Bedeckung. Kurz darauf fiel er einem politischen Attentat zum Opfer.

Die Entsendung eines Religionslehrers ins Ausland wurde widerrufen, weil seine Frau Kopftuch trägt. Um ihre Karriere nicht zu gefährden, lassen sich manche Staatsbedienstete auf Empfängen von einer Ersatzfrau begleiten und geben sie als Gattin aus. Einer jungen Historikerin, die in Istanbul eine Ausstellung über herausragende Frauengestalten der osmanischen Ära zeigen wollte, wurde geraten, ihr Kopftuch auszuziehen: Dann fände sie leichter Sponsoren.

Vielleicht spiegelt sich in der Missachtung der Kopftuchfrauen der verzweifelte Versuch, zu verdrängen, wie sich die Türkei verändert hat – oder diese Veränderung als eine Verschwörung zu interpretieren, also als etwas, das aufzulösen, rückgängig zu machen sei. Das Gesicht der Türkei wird islamischer, Jahrzehnte der Zuwanderung aus Anatolien haben die westliche, städtische Türkei quasi ärmer und religiöser gemacht – also gerade jenen Landesteil, den Atatürks Reformen am meisten prägten. Säkularisierung, dafür war damals vor allem die urbane Mittelklasse empfänglich. Aber Istanbul ist heute zehnmal größer als 1920, die Alteingesessenen sind längst in der Minderheit.

Von den 72 Millionen türkischer Muslime bezeichnen sich 97 Prozent in Umfragen als gläubig; allerdings sagt jeder Zweite, er bete allenfalls einmal pro Woche. Viele Türken hängen einem unorthodoxen, volkstümlichen Islam an, der Elemente von Heiligenverehrung und auch von Aberglauben enthält. Samstags drängen sich in Istanbul Menschen aller Schichten am Grab von Eyüp, einem Zeitgenossen des Propheten. Gebete sollen hier besonders wirksam sein. Familien bringen ihre Söhne her, bevor sie beschnitten werden. Verkleidet wie Sultane rüsten sich die kleinen Jungen an der Pforte zur Männlichkeit mit einem Plastikschwert – das ist in Miniatur die Kopie eines osmanischen Rituals: Die großen Sultane kamen zur Weihe des Schwerts an Eyüps Grab.

Das Beispiel zeigt, wie weit sich das Volk kemalistischer Sittenstrenge mittlerweile entzogen hat. Alles Osmanische war lange als reaktionär verpönt; früher trugen die Jungen eine Uniform zur Beschneidung.

Arme Frauen verschleiern sich häufiger als Reiche: Im Streit zwischen Religiösen und Säkularen liegt auch eine Prise Klassenkampf. Aber nun sind da die jungen Schicken: Nach der Mode der Saison wickeln sie den Schal so eng wie möglich um den Kopf, die Enden werden in den Blusenkragen gesteckt. Der Schal kann aus kirschroter Seide sein, dann wird er nach hinten gebunden, und der Hals zeigt sich waghalsig nackt. Oder ein orangefarbener Streifenschal flattert weithin sichtbar hinter seiner Besitzerin her. Solche Frauen sind wandelnde Statements, gegen den autoritären Säkularismus ebenso wie gegen religiöse Prüderie.

In den vergangenen zehn Jahren seien 50 000 Studentinnen zum Verlassen der Universität gezwungen worden, heißt es in einer Beschwerde religiöser Türkinnen an die Vereinten Nationen; 5000 Staatsdienerinnen sei das Recht auf Arbeit genommen werden. Die Zahlen sind geschätzt und ohnehin nicht nachprüfbar. Dass den Kopftuchfrauen Bürgerrechte vorenthalten werden, kritisieren aber auch säkulare Verfechter von mehr Demokratie. „Wir müssen den Religiösen vertrauen. Anders geht es nicht. Jede Gesellschaft beruht auf Differenz und auf Vertrauen", sagt Dilek Kurban. Sie ist Juristin bei TESEV, einer unabhängigen Stiftung für Sozialforschung. Die energische junge Frau hat von ihrem Studium an der Columbia University nicht nur ihr rasantes amerikanisches Englisch mitgebracht, sondern auch die Sensibilisierung für *diversity* und für das Recht auf Anderssein. „In meinem eigenen Leben spielt Religion keine Rolle", sagt sie. „Aber wenn du nicht die Rechte derer verteidigst, die anders sind als du, dann bist du kein Demokrat."

Toleranz ist immer ein Wagnis, auch in der Türkei. Die kreativen, weltläufigen jungen Istanbuler, die abends beim Cocktail in den Cafés des Stadtteils Beyoğlu sitzen und die Gebetsrufe vorbeiwehen lassen, fühlen sich im Zwiespalt. Sie wollen nicht den doktrinären alten Kemalismus verteidigen, aber zugleich fürchten sie, eine weitere Islamisierung könne ihren Lebensstil, ihre geistige Freiheit bedrohen. „Wir sind in einer paradoxen Lage", sagt eine Filmemacherin. „Ethisch bin ich verpflichtet, für die Rechte der Religiösen einzutreten. Obwohl ich weiß, sie werden mir irgendwann meine Rechte nehmen."

Siebzig Jahre nach dem Tod von Kemal Atatürk kennzeichnet ein neuer, selbstbewusster Islam die Türkei. Er hat seine Intellektuellen, seine Unternehmer hervorgebracht, seine Moden und Lebensstile. Die neuen Eliten messen ihre Kräfte mit den alten, und einem Mann wie Mustafa Karaduman kann man ansehen, dass ihm dieser Machtkampf regelrecht Freude macht. Der Chef des Textilunternehmens Tekbir ist der Schneider des neuen sichtbaren Islam; er hat die Verhüllung zu einer Mode gemacht, hat den Islam in die Schaufenster gebracht, auf die Bürgersteige der besseren Viertel und in die Restaurants der aufstrebenden muslimischen Bourgeoisie.

Karaduman, 53, hat nichts Frömmelndes. Den Vollbart, das Erkennungszeichen der Religiösen, kombiniert er mit einem flott glänzenden Nadelstreifenanzug; während des Interviews checkt er in beiläufiger Coolness seine SMS. Er ist ein Aufsteiger, ein Selfmademan aus Anatolien, fing als Bügler und Näher an. Heute hat er seine Tekbir-Geschäfte in jeder größeren türkischen Stadt, 14 sind es allein in Istanbul. In Deutschland verkauft er über Franchise-Läden.

„Tekbir", das ist die Bezeichnung für den berühmten Ruf *Allahu Akbar*, Gott ist der Größte. Eine Modekette so zu nennen, das war vermessen und genial – das Heilige als *household name*. „Ich genieße es, ein Muslim zu sein", sagt Karaduman selbstsicher und gedehnt, mit Lust an der Provokation und einem sehr direkten Blick in die Augen seiner Besucherin.

Als er 1982 anfing, trugen die Frauen in Istanbul Röcke bis unters Knie, kemalistische Länge. Er führte die Hose mit Mantel oder langer Tunika ein, die taillierte Ganzkörperverhüllung. 30 000 solcher Kombinationen produziert er nun im Monat; sie sind nicht billig, die meisten Kundinnen kommen aus der Mittel- und Oberschicht.

Berühmt wurde Karaduman 1992 mit seiner ersten Modenschau. Er schickte normale Models auf den Laufsteg – verschleiert. Religiöse Türken waren empört, säkulare spotteten. Er hielt beiden Seiten entgegen: „Was wollt ihr denn? Ich bedecke doch nur die Models, die sonst halbnackt auftreten würden."

Durch Karadumans Schlitzohrigkeit und seinen Charme schimmert erst allmählich hindurch, wie radikal er ist. „Bei der Abendmode haben wir keine Vorbehalte gegen ein Dekolletee", sagte er, „weil Männer und Frauen getrennt feiern." Als wäre Geschlechtertrennung in der Türkei normal – was sie keineswegs ist. Er verkauft Badeanzüge, die aus langer Hose und langer Jacke mit Haube bestehen, aber selbst in dieser Froschkostümierung will er Frauen nur an einem männerlosen Strand sehen.

So rigoros denkt nur eine Minderheit der religiösen Unternehmer. In den vergangenen zwei Jahrzehnten ist eine neue Kaste gläubiger Geschäftsleute entstanden; häufig kamen sie wie Mustafa Karaduman aus Anatolien, waren die Söhne (seltener die Töchter) von Migranten, die erste Generation mit städtischer, höherer Bildung. Bei MÜSIAD, dem größten von drei islamischen Wirtschaftsverbänden, sind 2750 Unternehmer organisiert, meist Mittelständler; fast alle Branchen sind vertreten. Der Verband hat Zweigstellen in 27 türkischen Städten und auch in Deutschland. „Wir sind sozial-konservativ und religiös, aber in wirtschaftlicher und politischer Hinsicht radikaler als die Großunternehmer", erklärt der Vize-Vorsitzende von MÜSIAD. „*Gain from change*, wir haben nichts zu verlieren; vom Status quo profitieren nur die Großen. Wir sind nicht abhängig vom Staat, weil wir zu klein sind für Staatsaufträge. Wir sind für freie Märkte und für den Beitritt zur EU."

Es war der Wirtschaftstechnokrat Turgut Özal, Premierminister und Staatspräsident in den achtziger Jahren, der den Aufstieg des islamischen Unternehmertums und die Entstehung einer islamischen Elite begünstigte. Sein jüngerer Bruder Korkut ist heute noch eine wichtige Figur in der Welt des *Islamic Banking*. Bemerkenswert an den beiden Özals ist: Sie entstammen einer jahrhundertealten religiösen Bruderschaft, dem Nakshibendi-Orden. Eine mystische, am Sufi-Islam orientierte Gemeinschaft, das klingt zunächst weltfern. Aber diese Bruderschaft mit etwa zwei Millionen Anhängern wurde zum Humus für den Aufstieg eines ehrgeizigen, modernen Islam. 1925, kurz nach Gründung der Republik, wurde der Orden verboten, und obwohl das Verbot bis heute niemals formell aufgehoben wurde, entstammen den Nakshibendis erstaunlich viele einflussreiche Männer an der Spitze der türkischen Wirtschaft und der Politik.

Das Verbot der Nakshibendis erinnert an die autoritären ersten Jahrzehnte der türkischen Republik. Sie näherte sich ihren Bürgern von Beginn an als Erzieher. Der Islam galt als Hindernis für Fortschritt und Entwicklung, und die Bürger wurden nicht für reif genug gehalten, um Religion frei handhaben zu dürfen. Damals wurden die religiösen Lehranstalten abgeschafft, die mystischen Bruderschaften aufgelöst, sogar die Pilgerreise nach Mekka war zeitweise untersagt. Aber der Islam überlebte die radikale Ausgrenzung, ging quasi in den Untergrund. Später stabilisierten sich die Bruderschaften wieder und durchzogen die Gesellschaft erneut mit einem Netzwerk, wie es bereits in der osmanischen Zeit der Fall war.

Korkut Özal, der Bruder des verstorbenen Staatspräsidenten, wird mir als bester Informant empfohlen, wenn ich mehr über die Nakshibendis wissen wolle, über das Zusammenspiel von Politik, Geld und Religion. Der alte Mann redet lange – und hüllt sich dabei über alles Wesentliche in Schweigen. Im Schutz spiritueller Geheimnisse bleiben die politischen gewahrt.

Spätestens hier betreten wir ein schwer zu durchdringendes Terrain. Parallelgesellschaften – in der Türkei gibt es sie wirklich: Weitverzweigte islamische Gegenwelten in Business und Bildung, meist sind sie staatstreu und staatsfern zugleich, und sie verbinden islamische Identität mit ganz diesseitigem Erfolgsstreben.

Das naturwissenschaftliche Fatih-Lyzeum am Stadtrand von Istanbul nimmt nur gute Schüler: eine private Eliteschule, deren islamischer Hintergrund sich dem bloßen Auge nicht zeigt. Für das Gespräch mit mir hat die Schulleitung die 15-jährige Reyhan ausgewählt, eine ungeduldige Hochbegabte, sie ist die Türkeibeste in Mathematik. Reyhan, Tochter eines Polizisten, hat ihre Karriere schon bis

Harvard vorausgedacht, sie inspizierte diverse Schulen und wählte schließlich das Fatih-Gymnasium, weil es ihr die besten Lernbedingungen bietet: kleine Klassen, super Labors, ausgezeichnete Lehrer. Das Schulgeld von über 6000 Euro wird ihr erlassen. So werben die Fatih-Lyzeen – es gibt 150 in der Türkei – jedes Jahr um die tausend Klügsten der Nation.

Hinter den Fatih-Schulen steht eine weltweit agierende türkisch-islamische Bildungsbewegung, gesponsert von ihr nahestehenden Unternehmern. „Baut neue Schulen statt neue Moscheen!", predigte Fethullah Gülen, der geistige Vater und Namensgeber der Fethullahçis. Nur durch mehr weltliches Wissen könnten die Muslime ihre Abhängigkeit vom Westen überwinden. Mit Schulen von Tansania bis China, viele davon in den Turk-Staaten Zentralasiens, wirbt die Bewegung um die örtlichen Eliten. Sie sollen die Türkei als Modell sehen, und auch der Islam soll sich international rehabilitieren unter Führung einer starken Türkei. Solch ein Nationalismus gefällt dem türkischen Staat – einerseits. Andererseits fürchtet er, die schlauen Fethullahçis könnten eines Tages nach den Schalthebeln der Macht greifen. Vorsichtshalber wurde der populäre Prediger Gülen mit einer Anklage außer Landes getrieben; er lebt in den USA.

Gerade hat die Bewegung in Istanbul eine „Türkisch-Olympiade" organisiert, einen Sprachwettbewerb mit Jugendlichen aus etlichen Ländern, in denen Türkisch nicht gerade Verkehrssprache ist. Über einem Foto von afrikanischen Teilnehmern in bunten Gewändern steht in der bewegungseigenen Tageszeitung *Zaman*: „Nein zu Englisch, Ja zu Türkisch". Gegen Verwestlichung, kulturelle Verflachung und säkularen Materialismus, so lässt sich grob die redaktionelle Linie von *Zaman* (Zeit) umreißen. Das optisch anspruchsvoll gemachte Blatt hat nach eigenen Angaben eine Auflage von 600 000 und eine vorwiegend akademisch gebildete Leserschaft. Von seiner Europa-Ausgabe verkauft *Zaman* 30 000 Exemplare in Deutschland; auch hierzulande scheint sich also ein religiös-intellektuelles Milieu zu entwickeln.

Besuch in der Redaktion: Edles Design, feine Technik, beim Chefredakteur hängt moderne Malerei. Die Belegschaft ist jung, mit und ohne Kopftuch, 500 Leute arbeiten für die Tageszeitung und ein Wochenmagazin. Drei Meinungsseiten täglich sollen die wichtigsten Fragen der Gesellschaft debattieren.

Im obersten Stock der Redaktion sitzt Ali Bulaç im zerdrückten Anzug auf einem acht Meter langen schwarzen Designersofa – ein Intellektueller, der nicht ganz in diese kühle Ästhetik passen will. Bulaç, Autor und Soziologe, ist einer der einflussreichsten islamischen Köpfe der Türkei. Er dachte jenen Weg vor, der Tayyip Erdoğan und seine Gerechtigkeits- und Fortschrittspartei (AKP) später aus der Oppositionsecke heraus und auf die Regierungsbank führte sollte. Die Idee eines islamischen Staats sei „tot", schrieb Bulaç, die Alternative zum autoritären Kemalismus sei stattdessen ein demokratischer, ideologiefreier Staat, der Religiöse nicht diskriminiere.

Heute ist Bulaç enttäuscht, enttäuscht von Erdoğans Politik, vor allem aber auch von Europa. Religionsfreiheit, sagt er, beschränke sich für die Europäer offensichtlich darauf, mehr Rechte für die 1,4 Prozent türkischen Christen zu verlangen. „Als der Menschenrechtsgerichtshof dem Kopftuchverbot seinen Segen gab, da haben wir verstanden, dass wir von Europa nichts zu erwarten haben. Die Rechte der Muslime stehen nicht auf der europäischen Agenda." Europa werde in sich gekehrter, kapsele sich ab, sagt Bulaç. „Ich bezweifle, ob Europa die Welt noch versteht. Jedenfalls wachsen dort keine großen Intellektuellen mehr, kein Kant, kein Hegel." Eine EU-Mitgliedschaft hat für ihn allen Glanz verloren, überhaupt diese Fixierung auf den Westen, das hat die Türkei doch gar nicht nötig! „Es wird gerade eine neue Welt gegründet, die Gewichte verlagern sich von West nach Ost, nicht nur wirtschaftlich, auch intellektuell, und die Türkei hat große Märkte um sich herum."

Die Türkei war nie eine Kolonie. Dies ist einer der Gründe, warum ein radikaler politischer Islam hier weniger fruchtbare Erde fand als in den meisten arabischen Staaten. Das Ende des Osmanischen Reichs und schon vorher die Einschränkung seiner Souveränität durch die europäischen Großmächte haben zwar eine historische Kränkung hinterlassen, die den Nationalismus nährte und das Misstrauen gegen den christlichen Westen wach hielt, sogar gegen die Christen im eigenen Land. Aber diese Kränkung ist nicht gleichzusetzen mit der ausgeprägten Opfermentalität und den Minderwertigkeitsgefühlen, die im arabischen Kontext Radikalismus und Vergangenheitsverklärung begünstigten. Die Türkei hat keinen einzigen namhaften islamistischen Ideologen hervorgebracht; erst durch Übersetzungen wurden in den sechziger Jahren einschlägige Schriften aus Pakistan und Ägypten bekannt.

Nun jedoch zieht sich durch viele Gespräche ein Groll aus jüngeren Quellen, eine Verdrossenheit am Westen und an dessen doppelten Standards. Wie kann es sein, dass der große NATO-Bruder USA beim Foltern erwischt wird, während sich der Westen der Türkei gegenüber als Lehrmeister im Fach Menschenrechte aufspielt?

Mustafa Ercan, der Istanbuler Vorsitzende der muslimischen Menschenrechtsorganisation Mazlumder, verbirgt seine Reserviertheit mir gegenüber nicht: Soll er sich ausgerechnet bei einer westlichen Journalistin darüber beschweren, dass in der Türkei Muslime von Muslimen religiös unterdrückt werden? Sein Verband wurde 1991 von 54 Leuten gegründet, heute hat er 10 000 Mitglieder und Zweigstellen in vielen Städten. Eine Parallelstruktur zu den säkularen, eher links konturierten Menschenrechtsgruppen. Die Solidarität von Mazlumder gilt nicht allein Religiösen, betont Ercan, aber doch vorrangig; auch seine Ethik beruft sich auf religiöse Quellen: zunächst auf Mohammed, der unter den Händlern von Mekka ein Verfechter von Fairness gewesen sei, bevor er zum Propheten wurde. Ferner auf die Zehn Gebote des Mose und die Bergpredigt. „Wir versuchen, das Bewusstsein zu verändern", sagt Ercan. „Wir können den Mädchen nicht das Recht auf Verschleierung verschaffen. Aber wir helfen ihnen, einen Platz in der Gesellschaft zu finden."

Von Europa verspricht sich der Aktivist nicht einmal mehr einen Dialog. „Der Westen zwingt sein Denksystem dem Rest der Welt auf. Es geht nicht nur um den Islam; der Westen akzeptiert schlicht nur sein eigenes Denken und behauptet dann, es sei universell. Das ähnelt Gehirnwäsche."

Die Linken sind säkular, die Religiösen konservativ – diese Gleichsetzung ist in der Türkei oft zu hören. Kenan Çamursu will sich da nicht einfügen. Der 45-jährige Autor und Essayist stellt sich provokant als „linker Islamist" vor und schiebt gleich nach, was er für den Gegenpol seines eigenen Islamverständnisses hält: „Die Taliban waren Faschisten."

Çamursu hatte als Treffpunkt ein Istanbuler Wasserpfeifen-Café vorgeschlagen. Mit seinem halblangen, gewellten grauen Haar würde man den kleinen Mann im roten Polohemd im ersten Moment eher der Werbebranche zuordnen als islamischen Zirkeln. Çamursu redet ruhig und konzentriert; er hat internationale Beziehungen studiert, spricht Arabisch und Persisch, und wenn er erklärt, was er unter links versteht, dann merkt man, dass er natürlich auch die westlichen Diskurse kennt – ohne sich selbst Richtung Westen zu orientieren.

Seinen links-islamischen Gegenentwurf zum „totalitären Säkularismus" umreißt er so: Möglichst wenig Staat, der Staat soll sich auf seine Grundfunktionen beschränken, darf sich nicht in das tägliche Leben der Bürger einmischen; Pluralismus, Individualismus und Demokratie könnten nur durch eine starke Zivilgesellschaft erreicht werden. Und genau an diesem Punkt habe Erdoğan versagt – ebenso wie die Reformer im Iran um den ehemaligen Präsidenten Khatami, fügt Çamursu überraschend hinzu. Beide hätten einem veralteten Begriff von Macht angehangen, statt die Bürger zu mobilisieren. „Beide haben die Konfrontation mit der alten Garde gescheut", mit der kemalistischen in der Türkei, mit der theokratischen im Iran.

Türkei und Iran: In der Tat wirken beide Länder wie spiegelbildlich verkehrt. In der Türkei werden die öffentlichen Ansprüche des Islam staatlich-autoritär in Zaum gehalten. Im Iran wird hingegen der öffentliche Raum von einer staatlich instrumentalisierten Religion beherrscht. Hier das Kopftuchverbot, dort der Kopftuchzwang. Auch die Wirkung ist paradox: Die Bevölkerung der säkularen Türkei wird heute für religiöser gehalten als jene im Iran.

Man muss in der Türkei weiter nach Osten fahren, um Menschen zu treffen, die nach Westen blicken – und Europa noch etwas abgewinnen können. Anatolien, das neue Mittelanatolien! Von hier laufen die Leute nicht mehr weg, hier kommen sie hin, hier gibt es Arbeit, Entwicklung.

Kayseri war eine staubige Kleinstadt an der historischen Seidenstraße. Nun wandert der Blick vom zwölften Stock eines Hilton-Hotels über die anthrazit-schimmernden Kuppeln der alten Moscheen zu einem breiten Gürtel pastellfarbener Hochhäuser. Hellgrün, blassrot, gelb, in alle Himmelsrichtungen dehnen die Wohntürme der Zugezogenen die Stadt, winzig wirkt ihr alter Kern in der Mitte. „Anatolischer Tiger", so wird Kayseri genannt. Hier sprang ein islamisch konturierter Kapitalismus ins Guinness-Buch der Rekorde: 139 Firmen an einem Tag eröffnet! Das war 2004; ein Jahr später waren es 232, und so ging es weiter. Die Info-CD des örtlichen Industriegebiets wird alle sechs Monate neu gebrannt, so rast die Entwicklung.

Kayseri ist schon lange eine Hochburg islamischer Parteien. Ein früherer Bürgermeister, zugleich Jura-Professor, saß wegen einer Bemerkung über Atatürk zeitweilig im Gefängnis. Er war der Erste, der Kayseris Arbeitsethos „protestantisch" nannte; ein deutsch-türkischer Thinktank taufte die Unternehmer wegen ihres frommen Fleißes später „islamische Kalvinisten", das machte Furore. Die Leute in Kayseri nahmen das Angebot zur Selbststilisierung dankbar an: Der Satz „Arbeiten ist wie Beten" fällt hier nun auffällig oft, und für eine deutsche Besucherin wird womöglich noch mit einem Augenzwinkern angefügt, in Deutschland wolle ja niemand mehr arbeiten.

Ich fahre nach Hacilar; das ist eine Kleinstadt in den grünen Hügeln oberhalb von Kayseri, sie gilt als Wiege des Wirtschaftswunders. Von hier stammt Mustafa Boydak, der Möbelkönig der Türkei. Ein Mann mit nur einem Jahr Schulbildung, der es vom Lehrling in einer Schreinerei zum Besitzer eines Großkonzerns mit 20 000 Beschäftigten gebracht hat. Nun schmiegen sich erstaunlich viele Villen mit ihren roten Dächern in die grünen Hügel. Im Flur des Bürgermeisteramts zeigt eine Tourismuswerbung ein Trachtenmädchen mit Pferd vor schneebedeckten Bergen – eine anatolische Heidi. Aber Hacilars Bürgermeister sitzt neben einem Flachbildschirm und schlägt ganz andere Töne an. Zu glauben, in der Türkei verkörperten Ost und West die zwei Gesichter des Landes, nämlich Traditionalität und Modernität, das sei ein falsches, veraltetes Türkeibild der Europäer. „Verwechseln Sie die Anatolier von heute nicht mit der ersten Generation von Einwanderern in Ihrem Land! Früher knüpften hier 2000 Familien Teppiche. Heute sind wir so modern wie ihr im Westen."

Zum Charakter eines anatolischen Tigers gehört auch dies: Die religiösen Unternehmer wetteifern im Sponsorentum. Hier ein schlüsselfertiges College vom Möbelkönig, dort eine ganze Jura-Fakultät. In Hacilar wurden von 13 Schulen elf privat gebaut, dazu eine Sporthalle, ein Krankenhaus, sogar die Polizeistation. Als wollten diese muslimischen Rotarier beweisen, dass der Staat eigentlich verzichtbar ist. Der Vorsitzende der Sponsoren-Riege ist ein Textilunternehmer. Er schenkt mir ein dickes, himmelblaues Handtuch zum Beweis, dass sich die EU der Qualität türkischer Produkte nicht werde schämen müssen. Dann sagt er noch: „Die Türkei ist ein Leitstern für andere islamische Länder. Wenn wir in der EU sind, wird das gut sein für Europa. Wenn wir Europas Hand halten, wird alles gut."

Am Stadtrand von Ankara steht ein prächtiger Neubau. Es könnte sich um die Zentrale eines Großkonzerns handeln – tatsächlich ist es das „Amt für religiöse Angelegenheiten", die staatliche Religionsbehörde. Der Vergleich mit einem Konzern geht dennoch nicht ganz fehl: Hier sitzt ein Monopolist, er hat 80 000 Angestellte und, einen Jahresetat von gut 600 Millionen Euro, und er achtet eifersüchtig darauf, dass in den 80 000 Moscheen des Landes nur seine Produkte gehandelt werden. Sie tragen das Siegel: Staatlich geprüft, garantiert politikfrei.

Laizismus, das bedeutet in der Türkei keineswegs die Trennung von Staat und Religion. Die Religion darf nicht auf die Politik einwirken, aber der Staat sehr wohl auf die Religion. Und während der Staat nicht einmal das Zipfelchen eines Kopftuchs in einer Pförtnerloge duldet, hat er den Islam seiner Kontrolle unterworfen, hat ihn mal gestutzt, mal gefördert und instrumentalisiert, etwa im Kampf gegen Linke und gegen Kurden.

In die Bundesrepublik kam der türkische Staatsislam Anfang der achtziger Jahre; er kam als Ordnungsmacht, denn in den Hinterhofmoscheen der Emigranten war ein wilder Islam gewachsen. Es galt, das anti-laizistische Unkraut zu beseitigen und die gefährlichen Blüten auf einem Markt konkurrierender Ideen. Doch sein Monopol konnte der Staatsislam unter den Migranten nie mehr ganz zurückgewinnen.

Ali Bardakoğlu, der Amtspräsident, sitzt am Ende einer Zimmerflucht hinter zwei hohen Aktenstapeln – die Kombination illustriert Grandezza und Enge im Amt des ranghöchsten Theologen. Der 55-jährige Professor verkörpert in der symbolträchtigen Kopftuchfrage die Zerrissenheit seines Landes in der eigenen Person. Das Tuch sei „eine religiöse Verpflichtung", sagt er im Einklang mit der weltweiten konservativen Doktrin, die über den reinen Wortlaut einschlägiger Koranstellen hinausgeht. Allerdings bleibe eine Muslimin auch unbedeckt eine Muslimin, fügt Bardakoğlu hinzu, denn jedes Individuum könne sich für oder gegen die Erfüllung religiöser Anforderungen entscheiden. Er wünsche sich, dass „jeder frei und nach eigenem Gutdünken leben" könne, wolle sich aber „nicht in politische Entscheidungen einmischen". Den Mädchen am Tor der Universität hilft das alles wenig, das weiß er selbst.

Der Staat als Lieferant und Finanzier religiöser Dienstleistung: Dieses türkische Modell verteidigt Bardakoğlu entschieden, rühmt es sogar als Vorbild für die übrige islamische Welt. „Die Finanzierung im Stil eines freien Markts ist in vielen Ländern die Ursache für Chaos und Unordnung in religiösen Fragen." Der Beweis, wie mit dem türkischen Modell Religionsfreiheit möglich ist, steht allerdings noch aus. Etwa zwanzig Prozent der türkischen Muslime sind Alewiten, eine Minderheit, die sich weder bei den Sunniten noch bei den Schiiten heimisch fühlt. Anders als die Imame bekommen die alewitischen Vorbeter kein Gehalt vom Staat, und während die türkischen Christen jetzt immerhin an einigen Orten Kirchen bauen dürfen, klagen die Alewiten, ihre Gebetshäuser würden nicht anerkannt.

Gleichwohl möchte sich der Chef des Staatsislam einen Namen als Reformer machen. Vorsichtig versucht Bardakoğlu, die staatliche Umklammerung ein wenig zu lockern, gibt den Imamen vor Ort mehr Spielraum. Und er will beweisen, was dem Islam seit Atatürk als Beweislast aufgegeben ist: dass er in die moderne Gesellschaft passe. „Religion darf nicht Teil des Problems sein, sondern muss Teil der Lösung sein." Also setzt er Akzente: Organspende ist islamisch erlaubt, Zwangsehe nicht. In den Freitagspredigten, die aus Ankara an die 80 000 Moscheen geschickt werden, geht es nun häufig um Menschenrechte und um Frauenrechte. Das sind neue Töne. Bardakoğlu holte auch Frauen an Bord seiner vorher fast ausschließlich männlichen Behörde. Als *Vaize*, das heißt als akademisch ausgebildete Rechtsgelehrte, können sie Fatwas erteilen, islamische Rechtsauskünfte. Als Vize-*Müftü* auf Provinzebene haben sie die zweithöchste Position, sind Vorgesetzte vieler örtlicher (männlicher) Muftis.

So systematisch fördert kein anderes islamisches Land Frauen in seiner theologischen Hierarchie.

Überall drängen Musliminnen in die höhere religiöse

Bildung; an den theologischen Fakultäten der Türkei stellen Studentinnen mittlerweile die Mehrheit. Allerdings ist die Islambehörde die einzige staatliche Institution, wo eine Akademikerin Kopftuch tragen darf. Dort muss sie es dann aber auch – zwar nicht offiziell, aber dem internen Druck geschuldet. Wie kompliziert ist das Leben der Frauen!

Besuch bei einer islamischen Feministin. Hidayet Tuksal wollte erst nicht mit mir reden. Sie war sehr skeptisch gegenüber einer westlichen Journalistin, ließ sich eine Artikelprobe zum Thema Islam schicken, und danach bedurfte es noch der telefonischen Überredungskunst meiner Dolmetscherin. Nun aber hat sie für unser Treffen sogar noch schnell frisches Obst geholt, weiße Beeren, eine türkische Spezialität.

Hidayet Tuksal trägt ihr Kopftuch wie eine Bäuerin, ganz bieder unterm Kinn geschürzt, dazu ein langes, schlappendes Kleid. Hinter dem unprätentiösen, ein wenig altertümlichen Äußeren verbirgt sich eine Intellektuelle, eine hochqualifizierte Theologin. Für ihre Doktorarbeit forschte sie acht Jahre lang aus Frauensicht über die Hadithe, die Überlieferungen des Propheten. Ihre Befunde wurden in den Medien und auf Konferenzen debattiert, aber eine akademische Position hat sie nie bekommen – weil sie darauf besteht, das Kopftuch zu tragen. „Ich kann nicht einmal die Bibliotheken benutzen. Manchmal schleiche ich mich wie ein Dieb durch einen Nebeneingang, um Freunde an einer Universität zu besuchen."

In der Türkei gibt es seit mehr als zwanzig Jahren eine feministische Bewegung, doch verstehen sich diese Frauen meist als säkular. Dass sich eine religiöse Frau als Feministin bezeichnet, ist ungewöhnlich – sie setzt sich damit zwischen alle Stühle. „Es kostet mich einiges, dass ich mich so nenne", sagt die Theologin fröhlich. „Die meisten religiösen Aktivistinnen vermeiden das Wort, denn es wird oft mit lesbisch gleichgesetzt. Aber das kann mich nicht einschüchtern." Den Unterschied zum westlich eingefärbten Feminismus erklärt sie so: „Wir verlangen keine sexuellen Freiheiten und nicht das Recht auf Abtreibung." Und die islamischen Feministinnen sind überzeugt, dass Emanzipation mit dem und durch den Islam möglich ist und nicht gegen ihn erkämpft werden muss.

„Das Kopftuch als Zeichen der Unterdrückung zu sehen, das ist völlig falsch", sagt Hidayet Tuksal. „Die verschleierte Frau ist in der Türkei zum Feindbild geworden, sie ist als ‚die Andere' schlechthin definiert worden. Und am meisten schockiert über uns sind die gebildeten älteren Frauen, die Fünfzig-, Sechzigjährigen. Die dachten, sie hätten mit den Kopftüchern die Unterentwicklung der Türkinnen hinter sich gelassen. Und nun sehen sie uns, und sie denken, sie sehen Gespenster! Hilfe, die Unterentwicklung kommt zurück!" Hidayet lacht.

Sie hat mit anderen Aktivistinnen aus religiösen und konservativen Gruppen bereits 1995 in Ankara die „Plattform der Hauptstadt-Frauen" gegründet; der Dachverband überraschte mit Kampagnen, die aus dem religiösen Lager nicht erwartet wurden, zum Beispiel für die Reform des Strafrechts. Es führt nun Vergewaltigung in der Ehe und „Angriffe auf die sexuelle Immunität" als Straftatbestände auf.

In jüngerer Zeit brachten Hidayet und ihre Mitstreiterinnen zwei Kulturen an einen Tisch, die sich noch nie die Hand gegeben hatten: den Staatsislam und die säkulare Frauenbewegung. Beide misstrauten einander zutiefst, hatten aber ein gemeinsames Ziel: Ehrenmorde zu bekämpfen. Die Islambehörde brauchte die Erfahrung der Aktivistinnen, und die wollten das Instrument religiöser Autorität nutzen, wollten die Stimme der Imame. An der ersten Predigt gegen Ehrenmorde, die von der Islambehörde ins ganze Land geschickt wurde, schrieben sechs Frauengruppen mit. Die Predigt wurde am Internationalen Frauentag in den Moscheen verlesen.

Diyarbakir in Südostanatolien empfängt mit Backofenhitze. Die Leute schlafen auf den Dächern, als Bett fungiert ein simples Gestell, an dem zur Wahrung familiärer Intimität rundum ein Vorhang befestigt werden kann. Nachts zwischen drei und fünf kühlt es ein wenig ab.

Alte Männer tragen Weste zur Pluderhose, die sich schmal und altmodisch elegant um ihre Unterschenkel legt. Viele Frauen gehen unverschleiert, die Alten tragen das leichte, weiße Tuch der Kurdinnen, und natürlich hat auch hier der Herr Karaduman ein Tekbir-Geschäft für die mittelständische Verhüllungsmode. Manchmal marschieren drei Generationen in den drei Stilen nebeneinander: die Oma kurdisch, die Mutter à la Tekbir, die Tochter blank.

Ich übernachte bei der Familie eines Bekannten. Der Vater, ein Lehrer, wurde schon vor vielen Jahren als Sympathisant der kurdischen Sache erschossen. Die Mutter zog acht Kinder alleine auf und brachte sie alle an die Universität! In der Nacht überlässt sie mir ihren Schlafplatz auf dem Balkon, und als ich am Morgen meine Strümpfe suche, stelle ich fest, dass die Mutter sie heimlich nachts gewaschen hat.

Diyarbakir lag lange im Zentrum des Bürgerkriegs. Jetzt dürfen die Restaurants laute kurdische Musik spielen, in den Buchhandlungen liegt kurdische Literatur, doch die soziale Lage ist desolat. Die Stadt ist auf 1,5 Millionen Menschen angeschwollen, viele wurden früher vom Militär aus ihren Dörfern vertrieben. Nun sind sie Entwurzelte, seelisch irgendwo im Niemandsland zwischen Dorf und Stadt. Vor allem für Mädchen ist dieser Übergang gefährlich: Sie sehen die Freiheiten der Stadt, aber die Familien wollen die Mädchen halten wie in der Enge des Dorfs.

Auf Messers Schneide zwischen Tradition und Moderne geschehen die meisten Ehrenmorde. Das ist nicht nur in Südostanatolien so, sondern auch in der Schwarzmeergegend und bei den ländlichen Zuwanderern in Istanbul. Aber es ist üblich geworden, den Südosten als Herz der Finsternis, als Trutzburg des gewalttätigen Patriarchats zu zeichnen. Das hat viele hier hellhörig und misstrauisch gemacht: Soll womöglich jene Region, die an der Außengrenze der künftigen Europäischen Union liegen würde, als Sündenbock herhalten oder als Vorwand, wenn es mit dem Beitritt zur EU nichts wird?

Naside Buluttekir, eine zierliche Lehrerin mit einem Glitzerstein im Nasenflügel, brachte vor einigen Jahren als eine der Ersten die Debatte über Ehrenmorde in Gang. Auf Umwegen: Sie veröffentlichte einen besonders grausamen Fall auf der Website der feministischen Organisation „Fliegende Besen", von dort griff die BBC den Fall auf, von der BBC kam er in die türkische Presse. Heute ist Naside Buluttekir nicht mehr glücklich über das Interesse ausländischer Medien am Thema Ehrenmorde, sie vermutet gar „eine Verschwörung all derer, die uns nicht in der EU haben wollen".

Ausgerechnet diese zierliche Lehrerin, die viele Nächte am Sterbebett von Ehrenmordopfern gewacht hat, bringt mich dazu, die andere Seite dieses stigmatisierten Südostanatolien zu sehen: Nirgendwo sonst in der Türkei gibt es so viele und so aktive Frauenorganisationen. „Kamer", die größte, hat 23 Frauenzentren aufgebaut, arbeitet mit tausenden Freiwilligen. Es gibt weibliche Bürgermeister und weibliche Islamgelehrte. Ihr aller Feind sind die feudalen Verhältnisse, die Clanchefs; sie haben sich als informelle religiöse Autoritäten etabliert, zu ihnen kommen Familien, die zwischen Religion und archaischen Sitten nicht unterscheiden können. Sie fragen: Müssen wir unsere Tochter töten? Oft hören sie: Tötet sie.

Ein paar Kilometer weiter sitzt der Provinz-Mufti von Diyarbakir hinter einem gewaltigen Schreibtisch und sagt: „Niemand auf der ganzen Welt kann eine Fatwa zugunsten eines Ehrenmords erlassen! Das ist völlig außerhalb des Islam."

Auch dies ein Kräftemessen: Religion gegen Tradition. Kann sich der Islam als eine rationale Religion durchsetzen gegen die finstere Irrationalität feudaler und patriarchalischer Verhältnisse?

Die Propaganda der Tat fing mit einer Beerdigung an, mit zwanzig Frauen und einem Imam. Eine Schwangere war gesteinigt worden, hatte sieben Monate im Koma gelegen; als sie starb, wollte die Familie nicht einmal die Leiche holen. Zwanzig Frauen und ein Imam trugen sie zu Grabe. Ein halbes Jahr später der nächste Fall: eine 15-Jährige, von ihrem Cousin vergewaltigt, dann gesteinigt. Diesmal kamen 500 Frauen und Männer und der Imam. Der Sarg wanderte von Hand zu Hand, das ist eigentlich Männersache, ein Foto zeigt, wie die Frauen den Sarg umringten, es waren Frauen mit und ohne Kopftuch.

Am Ende dieser Reise durch den türkischen Islam traf ich einen kleinen Mann im senfgelben Mantel. Es war nach dem Freitagsgebet in Diyarbakir. Der Mann fiel mir auf, er sah aus wie ein frommer Dandy, senfgelb Weste und Hose, leuchtend hennarot gefärbt Bart und Haar, obenauf ein weißer Turban. Auf dem kurzen Weg von der Moschee zum Basar drängten sich Männer, seine Hand zu küssen. Er war ein Sufi-Scheich vom Orden der Nakshibendi, jener verbotenen

Bruderschaft, die zum modernen Netzwerk wurde. Dies war der Orden in traditioneller Gestalt.

Der Scheich machte wortlos ein Zeichen, ihm zu folgen; die Basarklause eines Herrenschneiders schien ihm ein würdiger Ort zum Reden, dort saßen wir auf winzigen Höckerchen, umringt von hohen Regalen mit Hemden und Hosen. Fünf Männer lauschten stehend in respektvollem Abstand, leicht vorgeneigt, damit sie keines der schlichten Worte des Scheichs verpassten. „Alle Religionen sind gleichwertig", sagte er, „alle lehren eine gute Moral, alle kommen von Gott. Warum kann der Westen nicht akzeptieren, dass der Islam von Gott kommt?"

Zum Abschied sagte der Mann im gelben Mantel: „Was immer deine Wahrheit ist: Gott möge sie dir geben." Es klang sehr modern.

Der Führer und der Ingenieur

Libyen: Umbruch ohne Vorbild im Wüstenstaat

Regungslos stehen die Palmen in der weichen, feuchtwarmen Luft, von Scheinwerfern konturiert wie für eine Filmszene. Vor dem dunkelnden Abendhimmel treten die weißen Kolonialbauten aus italienischer Zeit schütter und majestätisch ins Flutlicht. Grellgrüne Laserspiele zucken über den Grünen Platz. Tripolis empfängt mit einem Spektakel, verwunschen mediterran und leicht surrealistisch.

Grün ist Libyens Farbe, die Farbe der Revolution. Deren Geburtstag wird heute gefeiert: Es ist der 1. September, an diesem Tag des Jahres 1969 stürzte die Monarchie. Damals betrat ein schöner, rebellischer Offizier die Bühne, der Sohn armer Beduinen vom Stamme der Ghaddafi. Weil seine älteren Brüder gestorben waren, hatten die Eltern ihn hoffnungsvoll Muammar genannt: „dem ein langes Leben gegeben ist".

Nun ist er 65 und noch immer auf allen Bildern.

Der Revolutionsführer. Der Führer, sagen die Libyer. Im Arabischen klingt das nicht so dumpf wie im Deutschen. Aber mein Dolmetscher spricht deutsch, er hat in der DDR studiert. Also sagen wir beide: der Führer.

Waffenlos tänzeln Soldaten und Soldatinnen über den Grünen Platz, fast unhörbar in ihren weichen Segeltuchstiefeln. Auf der Tribüne verschleierte Männer der Tuareg, im Zug tiefschwarze neben mediterran-hellhäutigen Gesichtern – hier paradiert die Vielfalt des Wüstenstaats. Ein Land wie ein Kontinent; weniger als sechs Millionen Menschen, doch in Libyens Fläche verschwände ein Großteil Westeuropas.

Ein Junge ruft „I love you" und küsst das Bild des Führers. Chaotisch und fröhlich wälzt die Parade sich durch die feuchtwarme Nacht. Ein Kamel mit einer Sänfte unklaren Inhalts bleibt im Menschenstau stecken, Reiter balancieren stehend auf scheuenden Pferden, die Messingbeschläge der Sättel funkeln in der Dunkelheit.

Wird der Führer sprechen? *Mish maruf,* flüstern die Leute: niemand weiß es, nur einer weiß ...

Plötzlich taucht er auf, die Menge schiebt sich nach vorn wie eine Wand, im Gequetsche vor der Tribüne zerbrechen Journalistenbrillen. Er sagt nichts, er winkt nur und grüßt mit der Faust, mit dieser Armbewegung wie auf Tausenden von Bildern, merkwürdig steif ist die Bewegung, wie in Zeitlupe, nicht kämpferisch, eher wie ein Verkehrspolizist, nur ohne Kelle.

Dann fällt Goldregen vom Himmel.

Auf der anderen Seite des Grünen Platzes, kaum einen halben Kilometer Luftlinie entfernt, sitzen die Besucher eines Open-Air-Teehauses gleichmütig unter den Arkaden und rauchen Wasserpfeife. Der Menschenauflauf nebenan scheint nicht zu existieren, keine Journalistenbrille ist zerbrochen; nur der Putz rieselt sacht von den hohen, weißen Säulen, als die Böller der Revolution durch die Nacht krachen.

Was ist wahr, was ist Trug? Ein Land wie im Zwielicht; es ist leicht, sich zu täuschen. Eine halbe Fahrtstunde außerhalb der Hauptstadt sind die Hinweisschilder noch immer mit fetten Pinselstrichen übermalt: damit die amerikanischen Soldaten nach der Invasion in die Irre marschieren. Als wären die US-Ölfirmen nicht längst wieder dick im Geschäft.

Im kleinen, alten Zentrum von Tripolis herrscht an gewöhnlichen Tagen die angenehme Ruhe einer Provinzstadt am Meer. Die neuen Luxusläden, die teuren Apartments sind weiter weg, am westlichen Stadtrand. Im Zentrum ist Beschriftung in Englisch, der Sprache des Imperialismus, noch verpönt.

Libyens langjährige Isolation ist schon seit einiger Zeit beendet. Im Jahr 2003 hatte sich die politische Führung abrupt dem Westen zugewandt, die Nuklear- und Chemiewaffen-Programme eingestellt und – teils direkt, teils indirekt – die Verantwortung für mehrere Bombenanschläge in den achtziger Jahren übernommen. Mehr als drei Milliarden Dollar Entschädigung für die Familien der Opfer kauften das Land frei von Sanktionen und Embargo. Die politische Wende hatte allerdings nur nach außen klare Konturen; noch Jahre später ist ungewiss, was aus Libyen wird, aus seinem beduinisch geprägten Sozialismus, aus einem System, das sich nach einer Wortschöpfung Ghaddafis *Jamahiriya* nennt, „Volksmassenstaat".

Im Westen haben sich Ghaddafis Feinde von gestern beeilt, seine Freunde zu werden. Öl! Geschäfte! Und nun hilft Libyen auch noch, Europa die Einwanderer aus Afrika vom Hals zu halten. Böser Ghaddafi, guter Ghaddafi.

Und die Bürger, das Volk? Nie tauchen sie in den Nachrichten auf, sie scheinen verschwunden zu sein hinter dem Namen eines einzigen Mannes, immer noch.

Im modernsten Supermarkt von Tripolis stehen nun so viele Sorten Persil im Regal wie in Deutschland. Die Libyer kommentieren die Warenvielfalt, die über sie hereingebrochen ist, mit einer Redensart: „Heutzutage kannst du sogar Vogelmilch kaufen!" Nur in den Zeitungen, da ist weiterhin nur eine einzige Meinung zu haben: die der Regierung.

Fast jeder Libyer hat ein Mobiltelefon, fast jedes Haus eine Satellitenschüssel. Die Frauen genießen mehr Rechte als in anderen arabischen Ländern. Der Islam ist moderat, Kinderarbeit ist verboten, Bettler sind kaum zu sehen. Und jedes heiratswillige Paar muss einen Aids-Test absolvieren. Solche Fakten müssen hier einmal aufgezählt werden, weil ich in fast jedem Gespräch mit Libyern eine Art kollektive Kränkung gespürt habe, ein Bedürfnis nach Richtigstellung: Wir leben nicht in Zelten! Wir fahren Autos und reiten nicht auf Kamelen! Es gibt einen Patriotismus jenseits von Ghaddafi. Darin ähneln die Libyer den Syrern, die gleichfalls darunter leiden, wie sie im Bewusstsein der westlichen Welt hinter dem Assad-Regime verschwunden sind, degradiert zur bloßen Massenstaffage.

Und dann stehe ich plötzlich auf diesem Rummelplatz, es ist ein bedächtiger, kleiner Rummel am Rand eines Neubaugebiets, mit einem Wägelchen für Popkorn und einem für Zuckerwatte und einer rasselnden Achterbahn mit Raupenkopf. Dieser kleine, unschuldige Alltag berührt mich wie eine große Entdeckung: In unserem durchpolitisierten Libyenbild kommt rosa Zuckerwatte nicht vor.

Eine enggestrickte Privatheit hält die Gesellschaft zusammen; wer die DDR kannte, mag das besser verstehen. Nur hat sich hier die Erfahrung von Mangel, Isolation und Machtlosigkeit mit arabischer Mentalität verbunden. Den halben Tag wird geredet, dieser und jener besucht; Beziehungen bedürfen dauernder Pflege, ohne Beziehung geht nichts. Wird mein Flugzeug plangemäß starten? *Mish maruf*, niemand weiß es; du musst einen Techniker auf dem Flugplatz kennen, er kann es dir vielleicht sagen. Und jeder scheint jeden zu kennen – „weil drei Viertel für die Staatssicherheit arbeiten", scherzt jemand. Das Enggestrickte bedeutet auch Abhängigkeit, Kontrolle.

Die ersten Tage wohnte ich im „Hotel Kebir", dem staatlichen „Grandhotel", auf Einladung der Regierung. Die Einladung kam überfallartig, eine Art Kidnapping an der Passkontrolle. Erst hatte es Monate gedauert, ein Pressevisum zu bekommen, nun war ich plötzlich zur Feier der Revolution Gast des Außenministeriums, Widerspruch zwecklos.

Das Hotel Kebir ist *grand* nur aus Sicht der alten Zeit: der Staatsprunk der Isolationsjahre und seine spezielle Ästhetik. Die Lobby beherrscht von einem riesigen Kronleuchter sowie einer Rolltreppe, die ich nie in Bewegung sah. Auf den Sofas saßen Libyer, die mit undefinierbaren Wartetätigkeiten beschäftigt waren und dazu gleichmütige Mienen trugen. Einige wenige Westler erkannte man sofort daran, dass ihnen das Warten nicht bekam. Auf allen Seiten der Lobby hingen Ghaddafi-Bilder, links das größte, der Führer in Öl; der Betrachter schaute ihm von unten in die Nasenlöcher. Im ganzen Land geht die Zahl der Ghaddafi-Bildern zurück, nicht im Kebir. Im ganzen Land gibt es Satelliten-Fernsehen, nicht im Kebir. Ein amerikanischer Pilot, der in Libyen aushalf und im Kebir zwangsuntergebracht war, erzählte mir von einsamen Nächten mit Tierfilmen: Nur sie waren in Englisch.

Internationale Pressekonferenz im Kebir! Wann? Vielleicht um elf Uhr oder um zwölf, nein, bestimmt um eins, oder doch um zwei? Und wer spricht? *Mish maruf*, niemand weiß es. Aber es gab eigens Presseausweise für dieses rätselhafte Ereignis, sie waren rot, in Plastik eingeschweißt, und jemand hatte alle Namen, gleich welcher Sprache, handschriftlich ins Arabische übertragen; so war es garantiert unmöglich, irgendeinen Namen wiederzufinden. Zigmal wurde der große Stapel durchgesehen, dann verschwanden die Ausweise, wurden nie mehr gesehen, und die libyschen Beamten lachten, als wäre alles nur ein Scherz gewesen.

Ich kam auch später gern in die Lobby des Kebir; hier schienen die Zeiten zusammenzustoßen, auf eine ehrliche, unretuschierte Weise. Viele Libyer trauen sich noch immer nicht hinein, aus Respekt oder aus Furcht.

Sche djau, so begrüßen sich die Jungen. Wörtlich heißt das „Wie ist das Wetter?" Gemeint ist das Wetter hier drin, sagt einer und tippt auf seine Brust, zum Herzen. *Sche djau,* das klingt weich und ein wenig träge, man spricht es mit fast geschlossenen Zähnen. Jung – das ist in Libyen das halbe Land. Nahezu jeder Zweite ist unter zwanzig.

Mit einem Cappuccino in der Hand auf der Straße stehen, das ist in Tripolis so cool wie in Berlin. Abends ist Trubel vor der Espressobar „Al-Djundi", die jungen Männer halten sich an Pappbechern fest, gucken die Straße rauf und runter und sagen *sche djau.* Es sind ausschließlich Männer; Mädchen stehen nicht herum in Libyen.

Drinnen, im winzigen, marmorverkleideten Café, hantiert Mohamed an der italienischen Kaffeemaschine, er ist 27, er hat einen Universitätsabschluss als Informatiker, sein Bruder neben ihm ein Diplom in Verwaltungswissenschaft. Aber sie machen lieber Cappuccino. Bloß nicht in einem Staatsbetrieb arbeiten! „Hier ist es privat", sagt Mohamed, „es ist frei!" Und dabei reckt er die Arme zur niedrigen Decke, um das Ausmaß an Freiheit zu unterstreichen.

Staat, das bedeutete für die älteren Libyer soziale Sicherheit. Noch immer arbeitet jeder zweite Erwerbstätige für den Staatsapparat und die Staatsbetriebe. Nun soll alles privatisiert werden, bis auf die Ölindustrie. Die Löhne im Staatsdienst sind zwar so niedrig, dass viele zu einem Zweitjob gezwungen sind; aber der Arbeitsplatz war sicher, gleichfalls die kostenlose Wohnung. Für die Jüngeren hat der Staat das Gesicht und die Sprache einer versteinerten Revolution: leer die Floskeln, hohl die Gesten. „Wir haben die Jugend verloren", soll Ghaddafi vor ein paar Jahren gesagt haben.

Das Fußballstadion in Tripolis heißt „11. Juni", benannt nach dem Abzug der amerikanischen Streitkräfte 1970. Da waren die Jungs auf den Rängen alle noch nicht geboren. Von der Bandenwerbung blickt sie nun die banale neue Zeit an: Coca Cola, Nutella, Kiri-Käse. Libyen gegen Sudan, die libysche Mannschaft spielt schlecht, zur Strafe bombardieren die Zuschauer den Trainer mit leeren Wasserflaschen; sie sind aus Plastik. Toben im Fußballstadion ist ein Ventil, andere Gelegenheiten sind rar. Kamikazemanöver im Auto: Die Sonnenbrille lässig ins Gel-Haar geschoben, so rasen manche in den Tod.

Die Al-Rashid-Straße zieht sich am Rande der Altstadt von Tripolis entlang. Vorsicht!, werde ich gewarnt, die Gegend sei unsicher. Unsicher, das ist in Libyen relativ: Es gibt wenig Kriminalität. Die Unsicherheit in der Al-Rashid-Straße ist von anderer Art: Hier reiht sich ein billiger Textilladen an den nächsten, die Szene gilt als aufmüpfig und regierungsfeindlich.

Sam, der eigentlich Usama heißt, ist gerade aus Thailand zurückgekommen, mit Bergen von Klamotten für seinen Laden. Jeden zweiten Monat fliegt er auch nach China, dort wird für ihn auf Bestellung produziert: Adidas, Puma, Nike, natürlich alles gefälscht. Sam ist 28, er kommt vom Land, hat zwölf Geschwister, so war das früher. Er selbst ist immer noch ledig, Familie kann warten, er reitet lieber auf der Globalisierung, verkauft seine Klamotten aus China nach Algerien und Tunesien.

Über die Profitspannen mit Produktpiraterie im Handel zwischen Billiglohnländern steht nichts in Ghaddafis *Grünem Buch*, seiner Lehre vom dritten Weg zwischen Kapitalismus und Kommunismus, auf der Libyens politisches System basiert. Die cleveren Jungkapitalisten der Al-Rashid-Straße haben mit dem Staat nichts am Hut. Er soll sie bloß in Ruhe lassen.

Almiras Blick ist herausfordernd kühl. Ein schwarzes Barett, darunter ein schwarzes Kopftuch; die Kombination signalisiert Selbstbewusstsein und Unnahbarkeit. Die junge Polizeioffizierin misst ein Meter achtzig, sie trainiert Leibwächterinnen, dazu trägt sie perfektes Make-up und lange Fingernägel. „Die alte Auffassung, dass die Frau ein schwaches Wesen sei, haben wir hinter uns gelassen", sagt sie, und in ihrem Ton schwingt Verachtung für die rückständige Welt jenseits der libyschen Grenzen mit.

Almira ist Ausbilderin an der Akademie für weibliche Polizeioffiziere; Frauen lernen hier Nahkampf, Schießen, Reiten, Motorradfahren. Von hier sowie von Libyens Frauen-Militärakademie stammen jene berühmten weiblichen Bodyguards, die Ghaddafi bei seinen Staatsbesuchen begleiten.

„Diese Akademie", sagt Almira, „ist ein Sieg unserer Revolution." Sie trägt eine Ghaddafi-Plakette an der Uniformbluse und spricht in Ghaddafi-Zitaten; zwischen ihr und dem Führer ist kein Quäntchen Platz für Kritik. Auf die Frage, welchen persönlichen Wunsch sie für ihre Zukunft habe, antwortet sie: „Nach allem, was der Führer für mich als Frau getan hat, hoffe ich, etwas zurückgeben zu können." Das ist der Duktus des Personenkults, doch tatsächlich haben die Libyerinnen Ghaddafi viel zu verdanken. Er hat den Gleichstellungsgedanken von oben in eine konservative Stammesgesellschaft hineingezwungen. Und es war ein Frauenthema, an dem sich schon früh die Konfrontation mit den islamischen Klerikern entzündete. Als der Großmufti 1975 den Militärdienst für Frauen kritisierte, wurde über alle Imame und Gelehrten ein Verbot politischer Einmischung verhängt.

Man muss an dieser Stelle einen Moment beim Verhältnis von Politik und Religion in Libyen bleiben, denn daran entlang haben sich sowohl die fortschrittlichen wie die repressiven Züge seines Systems entwickelt.

Als der „Bund Freier Offiziere" unter Ghaddafis Führung 1969 König Idris stürzte, war der Wüstenstaat – soeben noch unter den Ärmsten der Welt – von zehn Jahren Ölboom gezeichnet: im Inneren zerrissen und verwestlicht, nach außen völlig abhängig von Großbritannien und Amerika. Auf den Islam zu rekurrieren, das bedeutete nun kulturelle Selbstbefreiung, Entwestlichung. Das Verbot von Nachtclubs, Prostitution und lateinischer Schrift war sozusagen das Pendant zur Verstaatlichung der Ölindustrie. Doch ganz anders als zehn Jahre später im Iran wollte die libysche Revolution stets einen säkularen Staat, wenngleich islamisch legitimiert. Religion durfte kein Hindernis für revolutionäre Neuerungen sein.

Ghaddafi propagierte deshalb ein undogmatisches Islamverständnis. Es hat bemerkenswert viel Ähnlichkeit mit dem, was heute vielerorts muslimische Reformer vertreten (unter beifälligem Nicken westlicher Experten): eine freie, zeitgenössische Interpretation des Koran und einen eindeutigen Vorrang des Koran vor Sunna und Hadith, also vor jener Vorbildtradition des Propheten, die naturgemäß stets die Sitten des 7. Jahrhunderts spiegelt. Ferner betonte Ghaddafis religiöse Revolution die direkte Beziehung zwischen Gott und Mensch, die eines Geistlichen nicht bedarf, sowie egalitäre Beziehungen unter den Menschen.

Wer diesem Modell nicht folgen mochte, war bald im Gefängnis, wie viele Imame, oder wurde liquidiert, wie die Islamisten: Das ist die andere, die bekanntere Seite des libyschen Systems. Der gnadenlose Kampf gegen islamistische Kräfte verengt bis heute den Raum für jegliche Demokratisierung.

Den Frauen aber half der Revolutions-Islam, in kurzer Zeit über Schranken zu springen, deren Überwindung sonst jedenfalls mehr als eine Generation dauert.

Eine Gesprächsrunde mit erfolgreichen Libyerinnen; die Mobiltelefone stehen kaum still. Eine Chefärztin, eine Richterin, eine Parlamentarierin, eine Architektin, mehrere Professorinnen. Die Medienabteilung des Außenministeriums hat die Runde arrangiert; der Staat schmückt sich gern mit solchen Frauen. Entsprechend formell ist die Atmosphäre. Die Chefin einer Frauenorganisation ergreift das Wort: „Wir haben unsere Rechte auf einem goldenen Teller bekommen. Der Führer hat uns ermutigt, in alle Bereiche vorzudringen. Unsere Mütter waren noch zu Hause eingesperrt."

33 Prozent der Libyerinnen sind erwerbstätig, meist im Staatsdienst. Wenn der künftig gesundgeschrumpft wird, endet für die berufstätigen Mütter Libyens ein ganz eigentümliches Modell. Stillschweigend schlossen Fortschritt und Tradition bisher einen Kompromiss, den der Arbeitsminister Matuq Mohamed Matuq mir gegenüber so beschreibt: „Sie im Westen", sagt er amüsiert, „Sie haben nicht einmal gleichen Lohn für gleiche Arbeit. Bei uns bekommen die Frauen gleichen Lohn für weniger Arbeit." Wenn die Kinder krank sind oder andere Familienpflichten rufen, dann gehen die Frauen einfach früher von der Arbeit weg, erklärt der Minister. Oder sie kommen erst gar nicht. „Das war bisher bei uns gesellschaftlich akzeptiert."

Ghaddafi hat nämlich nicht die Teilung der Hausarbeit propagiert.

Der libysche Alltag ist voll solcher Kompromisse. Zum Beispiel fahren Frauen selbst Auto; der Ehemann einer Lehrerin sagt, warum er das gut findet: „Wenn meine Frau im Auto sitzt, dann sehen andere Männer nicht ihre Figur. Außerdem ist es bequemer für mich: Früher musste ich sie zum Einkaufen fahren."

Faiza al-Basha hat solche Kompromisse vermieden. Die Professorin für Strafrecht ist eine auch für libysche Verhältnisse ungewöhnlich freie Frau. Die 42-Jährige ist ledig, hat in Paris und Kairo studiert, fährt oft zu Konferenzen ins Ausland. Ihr Büro in einem Altbau in Tripolis ist stilvoll möbliert, ohne das sonst obligatorische Ghaddafi-Bild, auch ohne religiöse Dekoration. Auf Tischen und Stühlen stapeln sich Bücher über Menschenrechte, in Französisch.

„In den libyschen Familien sind patriarchale Werte immer noch vorherrschend", sagt die Juristin, „der Vater hat das entscheidende Wort." Sie selbst hatte Glück: Ihr Vater ließ sie weite Kreise ziehen, unterstützte ihren Weg in die Unabhängigkeit. „Heute verändert sich das Bewusstsein allmählich. Viele Rechte standen in der Vergangenheit nur auf dem Papier. Auch die gesellschaftlichen Veränderungen müssen in der Familie beginnen: Wenn sich ein Kind frei ausdrücken kann, wird es später auch politische Meinungsfreiheit beanspruchen." Sie engagiert sich für demokratische Reformen, inspiziert Gefängnisse, damit sich die Haftbedingungen verbessern.

Der Campus der Al-Fateh-Universität, wo die Professorin unterrichtet, dehnt sich aus wie ein Stadtviertel. Und dies ist nur „Campus A", es gibt noch zwei weitere. 60 000 Studenten, vierzig Fakultäten, 3000 Dozenten. Gerade ist Semesterbeginn, die Atmosphäre auf dem Campus wirkt gelöst, Jungen schlendern mit Jungen, Mädchen mit Mädchen. Die Studentinnen dominieren das Bild; tatsächlich sind sie in der Mehrheit. Eine Frau steht auch an der Spitze der Universität.

Die besten Absolventen und Absolventinnen der Universität werden auf Staatskosten zum Postgraduiertenstudium ins Ausland „delegiert". Auserwählte Frauen können sich, wenn sie bereits verheiratet sind, vom Ehemann begleiten lassen; der Staat zahlt für beide. Wieder ein libyscher Kompromiss.

Viele Studentinnen tragen enge Jeans, fast alle ein Kopftuch. Vor einem halben Jahrhundert hüllten sich Libyerinnen traditionell in ein großes, weißes Tuch, wie jetzt nur noch alte Frauen im Dorf. Vor dreißig Jahren trug kaum eine Städterin Kopftuch. Heute ist wieder eine andere Phase: Junge, moderne Frauen wollen ihr Muslimisch-Sein zeigen. Das gilt für Almira, die führertreue Offizierin an der Polizeiakademie, das gilt ebenso für Libyerinnen, die Reformen verlangen, die sich durch das Tuch sogar vom sozialistischen Staat distanzieren möchten. Wenn es noch eines Beweises bedurfte, dass der Stoff allein keine Unterdrückung bedeutet: In Libyen kann man ihn finden.

Gespräch mit drei Chemiestudentinnen. Nach ihren Wünschen befragt, antworten sie spontan: Bloß nicht Lehrerin werden müssen! Lehrerin ist Libyens Frauenberuf Nummer 1, da fällt der Kompromiss zwischen offizieller Gleichstellung und konservativen Familiensitten am leichtesten. Die drei Studentinnen haben größeren Ehrgeiz, wollen in die Forschung gehen – wenn bloß Libyens wissenschaftlicher Standard nicht so niedrig wäre!

Nicht weit vom Ort unseres Gesprächs hängt auf dem Campus ein politisches Transparent: „Wir sind bereit, uns zu opfern für den Führer und die Revolution." Die Sprache der drei jungen Frauen ist das nicht.

In Libyen ist das Volk an der Macht. So will es die Theorie: Jeder über 18 soll am „Basis-Volkskongress" seines Wohngebiets teilnehmen und so die Politik mitbestimmen. Eine Pyramide aus Volkskongressen und Volkskomitees regiert das Land, an der Spitze der „Allgemeine Volkskongress", einem Nationalparlament vergleichbar, doch ohne Parteien.

Der 22-jährige Walid ist noch nie zu einer dieser politischen Versammlungen gegangen – obwohl es streng genommen sogar Pflicht ist: Betriebe und Geschäfte müssen während der Sitzungsstunden geschlossen sein. Walid malt auf ein Blatt Papier einen großen Kringel, „das ist unser Land", oben dran einen kleinen Kringel, „das ist die Regierung". Die Regierung, sagt er, sei nur ein kleiner Teil des Landes. „Ich bin patriotisch, aber ich unterstütze die Regierung nicht." Erstaunlich offene Worte. Walid hat Englisch studiert, arbeitet als Sprachtrainer und Nachrichtensprecher, ein höflicher, erfolgreicher Vorzeige-Libyer. Seine Kringelskizze ist ein vernichtendes Urteil über die vermeintliche Macht des Volkes. Aber, fährt Walid fort, abschaffen wolle er dieses System nicht. „Es ist Teil unseres Denkens, unserer Kultur geworden", sagt er. „Es ist Teil der Persönlichkeit jedes Libyers."

Es ist schwer, einen Libyer zu finden, der eine Parteiendemokratie nach westlichem Muster verlangt. Parteien spalten die Gesellschaft, das ist einer der bekanntesten Slogans aus Ghaddafis *Grünem Buch*. Parteien passten nicht zu Libyens Stammesgesellschaft, sagen auch Ghaddafi-Kritiker und fügen hinzu: Westler sollten ihr Modell nicht zum Maßstab der Demokratie machen.

Ein paar Tage später hat Walid Freunde mitgebracht. Wir trinken grünen Tee auf dem Grünen Platz und essen *gelati*, so nennen die Libyer Eis – ein Wort aus der Kolonialzeit. Wir reden über Amerika, über Ghaddafis Wende zum Westen. Walids Freunde antworten differenziert. Sie sind gut informiert, sie trauen der US-Regierung politisch nicht, aber auf persönlicher Ebene sei jeder Amerikaner willkommen. „Wir wollen eine Business-Freundschaft mit Amerika, keine politische Freundschaft."

Beim Abschied fragen sie mich nach dem Bild der Libyer im Westen. Sie hoffen, dass ihr Image gut sei, jedenfalls besser als das anderer Araber. „Wir sind keine Terroristen, und wir haben es nicht nötig zu stehlen."

Es war im Juli 2003, ein halbes Jahr, bevor Libyen seine Waffenprogramme aufgab: Ein elegant gekleideter junger Libyer saß beim Fernsehsender CNN. Der Mann heißt Saif al-Islam, wörtlich: das Schwert des Islam; er war damals 31, Ghaddafis zweitältester Sohn. „Als libyscher Bürger", so begann Saif, wolle er eine Botschaft an das amerikanische Volk senden. „Wir wollen keine Konfrontation und Aggression. Wir wollen nicht mehr kämpfen. *It's over.* Das alles liegt hinter uns."

Eingeweihte im Westen kannten Saif bereits. Durch seine Hilfe kamen im Jahr 2000 deutsche Geiseln auf den Philippinen frei, darunter die Göttinger Familie Wallert. Das Instrument dieser Operation wie auch aller folgenden war eine Stiftung mit diversen Unterorganisationen, die Kadhafi International Foundation for Charity Associations. Saif ist ihr Präsident. Die Stiftung wird zum Werkzeug der außenpolitischen Wende, aus ihren immensen Finanzmitteln werden die Bombenopfer entschädigt.

Saif wird von den westlichen Medien entdeckt; er liefert Stoff für Storys, scheint ganz die Negation des Vaters: Der empfängt mit wallenden Ethno-Gewändern im Beduinenzelt. Der Sohn: Ein Yuppie im Business-Anzug mit modisch geschorenem Schädel – und doch nicht bar jener Exotik, die ein westliches Publikum von einem Orientalen erwartet. Saif bringt einen weißen Tiger mit zum MBA-Studium nach Wien. Und er malt; der Vater schrieb surrealistische Essays.

Wenige im Westen ahnen, wie atemlos seine Landsleute Saif beobachten. Seine Stiftung wird zum Instrument erster innenpolitischer Reformen, schafft vorsichtig neue Räume von Freiheit. Als Sohn des Führers ist Saif sakrosankt, niemand sonst kann so viel Wahrheit wagen. Das libysche System habe Institutionen hervorgebracht, die vorgeblich dem

Volke dienen sollten, „doch in Wirklichkeit wurden sie zu hässlichsten Werkzeugen der Ausbeutung, hässlicher als die kapitalistischen Einrichtungen in Ausbeutergesellschaften". So steht es in seinem Buch *Libyen im 21. Jahrhundert*, einer Examensarbeit über Libyens Staatswirtschaft. Sie liegt in den Buchhandlungen von Tripolis; daneben liegen Zeitungen, die nicht einmal zaghafte Kritik wagen.

Schritt für Schritt geht Saif weiter. Seine Stiftung bricht Tabus, veröffentlicht einen Bericht über die Zustände in den Gefängnissen und eine bisher geheime Liste von über 12 000 Libyern, denen die Ausreise untersagt ist. Aber jedes Quäntchen tatsächlicher Reform muss durch die Instanzen des Systems, muss von ihnen beschlossen werden. Endlich werden die berüchtigten Volksgerichte abgeschafft und einige hundert politische Gefangene entlassen.

Saif gilt nun als Gegenpol zu den Hardlinern der alten Garde. Die geben sich nicht als eine Strömung zu erkennen, sitzen aber auf wichtigen Posten. Und Saif hat keinen politischen Posten – genauso wenig wie sein Vater: Der ist Revolutionsführer, das ist ein Titel, kein Amt. Der Sohn heißt in den staatsnahen Medien „der Ingenieur", das war sein erstes Studienfach.

Vater und Sohn: Ringt der Sohn dem Vater die Reformen ab? Oder spielt der Vater mithilfe des Sohns gegen die alte Garde? Vermutlich beides. *Mish maruf,* niemand weiß es, niemand außer den beiden Beteiligten scheint das Drehbuch zu kennen. Saif sagt nur: „Ich diskutiere mit meinem Vater." Nie kritisiert er den Vater öffentlich, er kritisiert nur Zustände. Und hat nicht der alte Ghaddafi selbst die Staatsdiener faul und bestechlich genannt?

Über Muammar, den Langlebigen, den einstigen Königsstürzer, sagen manche Libyer, er sei wie ein König – und er tue alles, um seine Macht und die seiner Familie zu wahren.

Sämtliche vier Kinder sind reich, prominent, einflussreich, Saif ist der politischste Kopf. Ließe er sich eines Tages zum Präsidenten wählen, käme Demokratie auf den Zehenspitzen einer sozialistischen Dynastie.

Wie für die meisten Befreiungskämpfer und Nationalisten seiner Generation war für Muammar Ghaddafi der Staat das vorrangige, wenn nicht einzige Instrument zur Entwicklung eines postkolonialen Landes. Der Sohn hat eine andere Vision, er will eine zivilgesellschaftliche Kultur etablieren, Nichtregierungsorganisationen sollen neben Wirtschaft und Staat die starke dritte Kraft sein. Seine Stiftung macht das vor, sie installiert als Experiment von oben, was unten im Land noch immer illegal ist: dass sich Bürger selbstständig organisieren und staatliche Politik zu korrigieren versuchen.

Nicht nur Parteien sind in Libyen weiterhin verboten, auch alle anderen Vereinigungen, die nicht mit den Prinzipien der Revolution übereinstimmen. Religiös motivierte Opposition duckt sich in klandestinen Zirkeln, wird schnell als terroristisch diffamiert. Die Repression ist nicht so mehr schlimm wie in den achtziger Jahren, als der Geheimdienst Opponenten im In- und Ausland einfach verschwinden ließ. Aber wer diese Zeit erlebt hat, also die älteren Libyer, hat die Furcht verinnerlicht.

Politische Gespräche finden in der Öffentlichkeit kaum statt. Typisch das Gespräch mit einem Experten für die Privatisierung von Betrieben. Es wird zu seinem Schutz ohnehin anonym geführt, aber als ich den Mann frage, ob viele Libyer Angst vor der Privatisierung hätten, schreckt er zurück: Diese Frage ist politisch! Angst vor einem Gespräch über Angst.

In dieser Kultur der Furcht übernimmt die Stiftung von Saif eine Ombudsfunktion: Bürger beschweren sich dort, wenn ihnen Unrecht widerfahren ist; die Stiftung ermittelt, versucht die Verantwortlichen auszumachen, reicht gegebenenfalls Klage ein.

Über Mobiltelefon lotst mich der Anwalt Giumma Attiga zu seinem Büro in einer unauffälligen Seitenstraße. Er leitet die „Gesellschaft für Menschenrechte", das ist die politisch heikelste Abteilung unter dem Dach der Ghaddafi-Stiftung. Im Flur seiner Kanzlei hängt ein großes Bild des Führers, dabei ist Giumma selbst ein ehemaliger politischer Häftling. Erst war er im irakischen Exil, bei der Rückkehr wurde er verhaftet und saß dann zehn Jahren im berüchtigten Abu-Salim-Gefängnis, wo heute noch die Politischen inhaftiert sind. Mehr als diese dürren Daten gibt der Anwalt über sein Schicksal nicht preis. Würde er sich als Opfer hervortun, könnte das ausgenutzt werden – von denen, die seinen Einsatz für Menschenrechte ohnehin gern vereiteln würden.

„Wir arbeiten unter sehr schwierigen Bedingungen", sagt der Anwalt. „Manche glauben, weil der Sohn des Führers die Stiftung leitet, liefe alles glatt. Manche glauben, Saif habe einen Zauberstab. So ist es nicht. Es gibt sehr viel Widerstand gegen demokratische Reformen." Seine Gesellschaft fordert Pressefreiheit, Meinungsfreiheit und die Freilassung aller politischen Gewissensgefangenen. „Einige Hundert sind noch in Haft, genaue Zahlen bekommen wir nicht." Alle Politischen dürften jetzt Anwälte und Angehörige treffen; die Haftbedingungen seien viel besser geworden.

Wird in Libyen gefoltert? „Ja, sicher", antwortet Giumma Attiga ohne Zögern. „Aber es wird nicht systematisch gefoltert. Das heißt: Es handelt sich um das Verhalten von Personen, es ist nicht die offizielle Linie." Die Aktivisten seiner Gesellschaft, junge Juristen und andere Freiwillige, haben eine Kampagne gegen Folter organisiert, haben auf der

Straße und in Polizeistationen Flugblätter verteilt. Ein Plakat zeigt, wie ein Vorhang beiseitegerissen wird, dahinter eine Horrorszene, die Folterer tragen Uniform.

Streunende Hunde, so nannte der alte Ghaddafi früher die Oppositionellen im Exil. Sein Sohn trifft sich ohne öffentliches Aufsehen regelmäßig mit Exilanten; er will Aussöhnung. Über den Fernsehsender al-Jazira hat Saif alle zur Heimkehr aufgefordert, deren Eigentum konfisziert wurde. Wer „tyrannisiert" worden sei, müsse Entschädigung bekommen; es sei Zeit, die Akten wieder zu öffnen.

Saif nimmt die Furcht aus den Herzen der Menschen, schwärmen seine Anhänger. Er verspricht zu viel, sagen Skeptiker.

Abend in einem Hotelgarten, einem Treffpunkt von Intellektuellen. Wir reden über den Tod des Journalisten Daif al-Ghazal, in gedämpftem Ton. Der 32-Jährige hatte zehn Jahre für die staatliche „Bewegung der Revolutionskomitees" gearbeitet, wandte sich dann ab, erzürnt über Korruption in den Komitees, und schrieb regimekritische Artikel für die Online-Tageszeitung *Libya Today* in London. Als Daif verschwand, war mit dem Schlimmsten zu rechnen. Zwölf Tage später wurde seine Leiche gefunden, mit abgehackten Fingern. Der Geheimdienst wird beschuldigt, streitet aber alles ab. Und wieder flüchtet sich das Verlangen nach Gerechtigkeit zur Stiftung des Ghaddafi-Sohns: Im Auftrag der Familie des Toten hat sie Klage eingereicht – gegen unbekannt.

Freiheit und Knebel, beides charakterisiert die geistige Atmosphäre im Land. Geknebelt sind die einheimischen Medien, Presse und Staatsfernsehen; unzensiert sind Internet und Satellitenfernsehen. Die Welt kommt den Libyern ins Haus, sie überraschen mit der Kenntnis jüngster Bundesliga-Ergebnisse. Doch wer ist dafür verantwortlich, dass

vor ihrer Haustür seit Jahren die Straße nicht zu Ende ge-
pflastert wird? *Mish maruf*, niemand weiß es.

Für die meisten westlichen Beobachter ist allein die wirt-
schaftliche Liberalisierung der Maßstab, ob die libysche „Politik der Öffnung" Fortschritte macht. Öffnung bedeutet: offen für ausländische Investoren. Für die Libyer bedeutet
Öffnung zum Beispiel, dass im Morgenprogramm des
Staatsfunks Bürger anrufen und ihre Meinung sagen können. Manche Zuhörer greifen sich verwirrt an den Kopf: Ist
das wirklich Libyen? Auch in der wöchentlichen Fernseh-
sendung *Lil Ahamiya* (wörtlich: „am dringendsten") werden
Bürger live zugeschaltet. Einmal rief jemand an und sagte:
„Ich bin ein libyscher Bürger, mein Name ist Muammar
Ghaddafi ..." Er verteidigte die Regierung, ein anderer Anrufer widersprach: „Das stimmt nicht!" Die Zuschauer fürch-
teten danach um das Leben des Kecken. Später wurde der
Mann gesund und munter im Fernsehen präsentiert, um
die Gerüchte zum Schweigen zu bringen. So wird es jedenfalls erzählt.

Libyen sollte eine „neue sozialistische Gesellschaft" werden,
eine Gesellschaft, in der die Bedürfnisse der Menschen von
fremder Kontrolle befreit sind. „Das Land gehört nieman-
dem", schrieb Ghaddafi in seinem *Grünen Buch*. Niemand
durfte ein zweites Haus bauen zum bloßen Zwecke der Ver-
mietung, denn wer mieten muss, ist nicht frei. Nun werden
noble Apartments für beträchtliche Preise angeboten, die
Schere zwischen Arm und Reich öffnet sich. Aber Ghaddafis schmales 119-Seiten-Bändchen bleibt offiziell „der Führer der Nation". Es geht dem Oberst nun ein wenig wie
Karl Marx am Ende der DDR: Die Theorie war gut, aber die
Umsetzung schlecht, sagen Libyer privat. Oder: Eine schöne
Utopie, aber dafür müssten die Menschen Engel sein.

Eine alte italienische Villa, im Eingang der Führer riesig hinter Glas, illuminiert. Delegationen aus der Dritten Welt gaben sich hier einst die Klinke in die Hand: Dies ist das „Weltzentrum zum Studium des Grünen Buches". Übersetzt in 53 Sprachen, stets in Grün mit Goldgravur, steht es auf grünen Regalen. Grün sind sogar die Polsterstühle im Lesesaal.

Eine Brutstätte neuen Denkens würde man hier nicht vermuten – doch weit gefehlt! „Fast die Hälfte der Studien waren reine Propaganda", bilanziert Milud el-Mehadbi kühl. Der Direktor für auswärtige Beziehungen überrascht durch Freimut und legeren Stil. Ein in Frankreich ausgebildeter Jurist. Nun reist er von einer Universität zur anderen, um sein Institut neu zu vernetzen: Oxford, Paris, Barcelona, Kiew, Washington.

Was wird aus Libyen? „Keine Kopie von irgendetwas", sagt Milud selbstbewusst. „Wir studieren jetzt sorgfältig die Erfahrungen anderer, den Kollaps der Sowjetunion, das chinesische Beispiel. Ein Teil der Elite in Libyen will einen puren Kapitalismus, als Reaktion auf die Vergangenheit. Ein anderer Teil hält an der Vergangenheit fest, aus Eigeninteresse." Sein Institut wirbt für einen dritten Weg, „mit Individualismus und freier Wirtschaft, aber die sozialen Interessen geschützt". Es klingt ein wenig wie bei den europäischen Linksparteien.

Das *Grüne Buch*, sagt Milud, werde jetzt neu gelesen. „Wir sind nicht unter Zeitdruck. Vielleicht ist es eine Aufgabe für die nächste Generation."

Der Führer wird sprechen! Auf nach Sirt! Ein Flugzeug voller Diplomaten und Journalisten startet Richtung Osten, landet in rötlicher Wüstensteppe. Sirt war ein Kaff vor der Revolution; in seinem Hinterland wurde Ghaddafi geboren.

Das weihte den Boden, der Flecken stieg auf zu einer künstlichen zweiten Hauptstadt. Für den Fall einer Invasion gab es zeitweise noch eine dritte. Die Slogans entlang der Straße zum Regierungsbezirk grüßen mit Ghaddafis letzter großer Utopie: „Lange leben sollen die Vereinigten Staaten von Afrika!", „Ein Pass für ganz Afrika!"

In der Einöde tauchen elegante Regierungsbauten auf, italienisches Design mit Carrara-Marmor. Libyen ist das reichste Land auf dem armen Kontinent. Ein riesiger Konferenzsaal, eisgekühlt, beste Technik; auf den roten Polstern tagt sonst der Allgemeine Volkskongress, das Parlament. Wann beginnt die Feier? *Mish maruf.*

Warten. Die libyschen Kollegen warten routiniert, klaglos und fraglos. Nach Stunden sagt einer: „Wenn du drängelst, kommst du hier zu gar nichts." Es gibt Essen, die Regierung versorgt die Journalisten gut in ihrem goldenen Käfig.

Sechs Stunden später betritt Ghaddafi den Saal in einem Umhang von orange-goldenem Glanz. Alle erheben sich. Sprechchöre. In den obersten Reihen stehen ehrwürdige alte Scheichs; zum revolutionären Gruß schütteln sie ihre dünnen, wüstengegerbten Ärmchen, sie schütteln sie langsam und steif, als schlügen sie mit einem Hammer Nägel ein. Alle setzen sich, links steht ein Block Frauen sofort wieder auf, mit Freudentrillern.

Der „liebe Bruder Führer" bekommt eine Ehrenmedaille von afrikanischen Freunden, darauf Freudentriller vom Frauenblock rechts. Alle stehen wieder auf, die alten Scheichs zuerst, der Frauenblock links lässt die Revolution hochleben, alle setzen sich. Ghaddafi trägt ein rot-goldenes Käppi auf seinem Lockenschopf, von weitem ähnelt er einer erstaunten älteren Dame.

Leise, fast zögernd beginnt er zu sprechen, beiläufig, die Stimme ein wenig heiser. Er grüßt besonders die Frauen, sie antworten mit Trillern, eine afrikanische Jugendgruppe skandiert „Brother – Number – One!" Die Welt ändert sich dramatisch, fährt Ghaddafi fort; was früher hundert Jahre brauchte, geschieht jetzt in zehn. „Früher kam der Imperialismus aus dem Westen, morgen kann es anders sein, vielleicht kommt er aus Asien." Er redet wie im Gespräch, es ist ein Gespräch über die Ungewissheit der Zukunft. Welch ein Kontrast zu den Ritualen des Personenkults im Saal.

Ghaddafi ist klug; er beobachtete die Folgen der Globalisierung genauer als andere arabische Führer, sah eine „Welt der Großräume" heraufziehen, in dem für Nationalismus kein Platz mehr sei. „Die Welt der Großräume erkennt keine ideellen oder kulturellen Bindungen an", notierte er vor seiner Wende Richtung Westen, entscheidend sei allein ein gemeinsamer Markt, einheitliche Visa, gemeinsam genutzte Satelliten.

Dass Afrika ein solch potenter Großraum werden könnte, darauf wollte der Oberst selbst nicht mehr warten; deshalb suchte er die Brücke nach Europa.

Tausende taten es ihm gleich: Statt der „Vereinigten Staaten von Afrika" kamen die Afrikaner. Sie kamen einzeln oder in Gruppen, manchmal zu Fuß, sie kamen aus dem Sudan, aus Somalia, aus dem Tschad, aus Nigeria und Niger. Libyen ist für sie das Sprungbrett ins Paradies, hier können sie die Passage nach Europa verdienen. Anderthalb Millionen, vielleicht zwei Millionen Migranten arbeiten in Libyen, davon nur 40 000 legal. Sie sammeln den Müll ein und schleppen Sand über Baustellen, sie warten im Schatten von Mauern auf Arbeit für einen Tag, sitzen mit Blecheimern voll Wasser an Straßenkreuzungen und rufen „Wash car, wash car".

In Sebha weht ein heißer Wind; es ist die Zeit der Dattelreife, am späten Abend sind es noch 33 Grad. Sebha ist die einzige größere libysche Stadt in der Sahara; sie wird „das Tor zu Afrika" genannt, ein Name aus der Sicht des Nordens. Wer von Süden kommt, im Treck der Migranten aus Schwarzafrika, sieht Sebha als Tor zu Europa. Nach den unendlichen Weiten der Wüste beginnen hier die gepflasterten Straßen der Verheißung: nur noch 800 Kilometer bis zum Mittelmeer.

Manchmal hat Ike hundert Anrufe am Tage auf seinem Mobiltelefon. Der stämmige, emphatisch christliche Nigerianer ist eine Art ehrenamtliche Notrufsäule für seine Landsleute; manche rufen aus Abschiebelagern an, andere rufen aus Europa an, sie haben es geschafft. Jeder kennt Ike, er ist schon neun Jahre in Sebha, er blieb hier hängen, verdient ganz gut mit der Installation von Satellitenschüsseln. Auf meine Frage, ob er Flüchtlinge kenne, die auf dem Weg nach Italien ertrunken seien, lächelt er und sagt knapp: „Viele."

Ike zeigt mir den Afrikaner-Stadtteil von Sebha, er heißt „Straße 40": schmucklose Bezeichnung für eine Welt halblegaler, vorübergehender Sesshaftigkeit während einer Reise, die oft Jahre währt. Kein Asphalt, so sandfarben wie der Boden die niedrigen, garagenähnlichen Gebäude. Ein rudimentärer Friseursalon ohne Waschbecken. Eine Restaurantbude namens „Holiday Villa", darin sitzen Männer ohne Arbeit, gucken einen nigerianischen Film und träumen von Holland.

Die Libyer mögen die vielen Ausländer im Land nicht, geben ihnen die Schuld an Aids, Drogen und Prostitution. Vor ein paar Jahren wurden bei Pogromen Schwarze erschlagen. Die Regierung will nun ein Prinzip einführen, das man auch aus Deutschland kennt: Libysche Arbeit zuerst für Libyer!

Benito Mussolini nannte Libyen „die vierte Küste Italiens". Ein kolonialer Begriff. Heute gilt er auf neue Weise.

Italien hilft bei der Sicherung von 1800 Kilometer libyscher Küste und von 4000 Kilometer Wüstengrenze. Die Europäische Union liefert Schnellboote, Drohnen und Militärhubschrauber, damit die Einwanderer aufgespürt werden, bevor sie Europa erreichen. Welch eine Ironie: Früher lieferte Libyen Waffen an Befreiungsbewegungen in aller Welt, heute nimmt es die Waffen der reichen Länder, um die Armen abzudrängen. Aber warum sollte Libyen weitherziger sein als Europa?

„Zansou" nennen die Afrikaner das Abschiebelager bei Sebha. Das Gelände einer früheren Polizeikaserne im Niemandsland liegt strategisch günstig, nahe der Straße zur Grenze und zum Flughafen. Weiße Mauern mit Stacheldraht obendrauf, grelle Scheinwerfer, sie sind weit zu sehen im flachen, leeren Land. Im Augenblick ist Zansou ziemlich leer, nach großen Deportationen.

Vor den weißen Mauern wartet eine Menge von jungen Männern. Sie wollen nach Niger zurückkehren, freiwillig. Es sind schlanke Jungs mit müden Augen; sie haben aufgegeben, sie wollen nicht im Meer verrecken für den Traum vom Paradies, sie begnügen sich mit kleinen Reichtümern, einem Koffer voll Zeugs, einem Kühlschrank. Ein alter Lastwagen fährt vor, sie werden oben auf ihren Habseligkeiten hocken, zwei Wochen lang, so lang dauert die Reise bis in ihre Dörfer. Es ist dunkel geworden, am Himmel steht der klare Mond der Wüste.

Aufbruch hinter dem Vorhang

Pakistan: Wie Frauen für ihre Rechte kämpfen

Wie spricht man zu einer Burka? Am Anfang fällt es schwer. Als spräche man zu einem Zelt, ohne zu wissen, ob es bewohnt ist.

In der Altstadt von Peschawar sitzen fünf Zelte reglos im Staub der Straße; sie sind senfgelb, aus dem schweren Stoff der dörflichen Burka. Die Augengitter sind auf Stapel von Fladenbrot gerichtet, die Brote liegen in der Auslage einer Bäckerei, es sind Brote für Arme, gleich werden sie als Almosen verteilt an die Wartenden. Es wäre noch Zeit für ein Foto. Ein Foto?! Unter den Zelten bricht Unruhe aus, hastig kommen Zeigefinger hervor, fuchteln energisch, panisch: Nein! Als wäre der schwere Stoff nicht Schutz genug, um die Gesichter zu verbergen. An den Zeigefingern ist Alter zu sehen.

Peschawar ist die Hauptstadt der Northwest Frontier Province, Pakistans Nordwesten; Afghanistan ist kaum eine Stunde Fahrt entfernt. Diesseits und jenseits der Grenze leben Paschtunen, sie haben eine strikte Auffassung, was Frauen tun sollten und was nicht. Wer durch die Provinz fährt, kann eine Stunde aus dem Wagenfenster blicken, ohne eine Frau zu sehen.

Die Straßen der Altstadt von Peschawar sind wie in hellgrau gekleidet – hellgrau, hellblau und beige sind die knielangen Hemden der Männer, die sie über ihren Pluderhosen tragen. Dazwischen seltene andersfarbene Punkte: Burka, Tschador, Schleier. Kutscher lenken stehend ihre Pferdefuhrwerke durchs Gewühl, Turbanträger mit schwarz geschminkten Augen halten Händchen. Eine Männergesellschaft, rau und verwegen nach außen, verhalten zärtlich nach innen.

Im Basar gehe ich in einen Stoffladen, um eine Burka ausprobieren. Das Sehgitter verläuft zu Schlieren im Blickfeld; im Spiegel sehe ich ein Zelt, das meine Sandalen trägt. Der Verkäufer gestikuliert: Steht Ihnen gut! Es ist lehrreich, sich selbst als Zelt zu sehen: Es hilft, unter anderen Zelten die Individualität zu ahnen.

Vieles ist nicht sichtbar hier; auch die Revolution, die diese Verhältnisse sanft, aber nachhaltig zu erschüttern beginnt, trägt einen Schleier. Er legt sich als doppelte Lage schwarzer Gaze über das Gesicht der dicken Eid Bibi; ihre Burka ist zweiteilig und aus leichter Kunstfaser, das ist die modernere Variante. So verhüllt geht die 52-jährige Landfrau öffentlichen Geschäften nach: Sie ist Mitglied eines Gemeinderats, der örtlichen Regierung. Wenn Eid Bibi den schwarzen Schleier zurückschlägt, überrascht ihr fester Blick. Selbstsicher und ein wenig spöttisch fixiert sie ihr Gegenüber, beide Nasenflügel bewehrt mit blinkenden Messingkugeln. Nach dem Essen klaubt sie eine Sicherheitsnadel vom gewaltigen Busen und säubert sich mit Muße die Zähne.

Eid Bibi ist eine politische Pionierin, eine von 28 553. So viele Frauen wurden in den vergangenen sechs Jahren mithilfe einer Frauenquote in die Gemeinde-, Stadt- und Bezirksräte gewählt. Ein Drittel der Sitze für Frauen zu reservieren, das war eine Forderung pakistanischer Frauenorganisationen – für alle überraschend erfüllte sie der Präsident. General Pervez Musharraf, der sich selbst 1999 die Macht im Handstreich genommen hatte, wollte beweisen, dass er die Macht in Pakistan gerechter verteilen will.

28 553 Basis-Politikerinnen – noch nie hat es in einer patriarchalischen Gesellschaft einen solch abrupten Zuwachs

an weiblicher Teilhabe gegeben. Die meisten dieser Frauen hatten vorher nichts mit Politik zu tun, viele sind sogar Analphabeten. In Pakistan können zwei Drittel der Männer lesen und schreiben, aber nur ein Drittel der Frauen, und oft langt es zu kaum mehr als dem eigenen Namen.

„Die Leute glauben, Bildung für Mädchen ist gefährlich und gegen unsere Kultur. Sie sagen, wenn ein Mädchen schreiben kann, dann wird sie Liebesbriefe schreiben und will nicht den Cousin heiraten." Eid Bibi lacht ein bisschen in sich hinein. „Die Männer haben doch selbst so wenig Bildung, sie haben Angst, dass die Frauen die Oberhand gewinnen." Bildung ist ein Zauberwort; wo immer man eine Gemeinderätin trifft, wird das Gespräch davon handeln: Schulen für Mädchen! Manche Frauen haben nur deshalb kandidiert; ihre Vorstellung von Fortschritt, von Entwicklung, von Politik kulminiert in diesem einen Ziel: Eine Schule für Mädchen!

Illahia, 26, hat sich in einen gemusterten Tschador gehüllt, er lässt nur die Augenpartie frei, und die Augen senden Blitze des Zorns. Illahia verfügt nicht über den spöttischen Langmut der dicken Eid Bibi, sie bebt vor Ärger und vor mühsam unterdrückter Energie. Sie wollte eine Schule einrichten, aber der Bürgermeister blockiert alles, er lässt lieber die Straße pflastern, wo seine Günstlinge wohnen, als ihr das Geld für eine Schule zu geben. Nun unterrichtet sie behelfsmäßig im eigenen Haus.

Politik, das heißt in den großen ländlich-feudalen Regionen Pakistans vor allem: Patronage. Wer gewählt werden will, verspricht handfeste Vorteile, einer Familie, einem Clan – und muss später liefern. So werden Gemeinde-Etats verschachert. Noch immer ziehen Männer in diesem Spiel die Fäden, sie machen ihre weitverzweigten Familienverbände zum Instrument der Macht. Verstohlener Blick in das Anwesen eines Bürgermeisters: Von einer Mauer umgeben der riesige Hof, ein Dorf im Dorfe; der Mann steht einem Haushalt von fünfzig Menschen vor, Zweitfrau inbegriffen. Die weiblichen Familienmitglieder dürfen nur die Häuser anderer Verwandter besuchen; derweil fährt der Bürgermeister im Allradwagen davon.

In diesen bleiernen Verhältnissen stellt die Frauenquote plötzlich Gesetz gegen Sitte. Die Pionierinnen verletzen mit jedem Schritt uralte Regeln, sie nehmen sich unerhörte Freiheiten allein durch eine Bereisung des Wahlkreises. Manchmal fährt auch die dicke Eid Bibi im Allradwagen mit Fahrer; manchmal hat sie sogar einen Polizisten als Schutz dabei, mit aufgepflanztem Gewehr. Dann sehen die Frauen in den Dörfern mit Erstaunen: Eine Frau kann wichtig sein.

Unser Weg führt weiter nach Westen. Südlich des Khyber-Passes schiebt sich eine spärlich besiedelte Region Pakistans wie eine Nase nach Afghanistan hinein. An der Strecke dorthin liegt Hangu, ein Städtchen, in dem man gewiss nichts Avantgardistisches erwarten würde. Aber siehe da! An der Hauptstraße weist ein grünes Schild in Urdu und Englisch den Weg zu einem „Bürgeraktionskomitee für Frauenrechte" – und dort warten vier bescheidene junge Männer. Es gibt im ganzen Land 66 solcher Komitees; sie wurden von der „Aurat"-Stiftung initiiert, Pakistans größter Frauenorganisation. Ihr starkes Netz stützt die Gemeinderätinnen, und unter den 1500 ehrenamtlichen Aktivisten sind viele männlich. Das macht Sinn: Denn in einer Gesellschaft, wo Frauen mit fremden Männern kaum reden dürfen, können oft nur Männer andere Männer überzeugen.

Das Büro des Komitees von Hangu ist ein kahler Raum mit ein paar Plakaten; die Geschlechter sitzen getrennt, hier die Männer aufgereiht, dort die Gemeinderätinnen und weibliche Besucher. Die steife Sitzordnung verbirgt dem un-geübten Auge, wie freizügig es hier zugeht: Frauen mit nicht verwandten Männern in einem Raum! Und sie haben sogar die Burkas abgelegt! Die Atmosphäre wirkt kollegial. Der Bericht der Komitee-Männer über die Geisteswelt ihres Geschlechts beginnt folgendermaßen: „Jeder weiß, dass die Amerikaner im Irak Unrecht tun. Frauenrechte gelten als westliche Idee, und viele ziehen eine Verbindung zwischen den USA und den Frauenrechten."

In der örtlichen Moschee, erzählen sie weiter, verlange der Imam, dass die Männer die erste Menstruation ihrer Töchter öffentlich bekannt geben: damit alle wissen, wann die Mädchen heiratbar sind. Die Komitee-Männer wider-sprechen: „Der Islam gibt Frauen das Recht, solche Dinge selbst zu entscheiden."

Was macht diese Männer anders? Entscheidend ist: Sie haben Bildung, sie haben ein paar Bücher gelesen, sie ha-ben auch den Koran selbst gelesen, verlassen sich nicht, wie viele andere, bloß aufs Hörensagen. Sie wissen also, dass der örtliche Imam eine archaische Version ihrer Reli-gion predigt. Gewiss sind diese Kämpfer für Frauenrechte keine Feministen, auch sie haben klare Vorstellungen, was Frauen tun sollten und was nicht. Sie sollten zum Beispiel Lehrerin sein. „Frauen sind die besseren Lehrerinnen, weil sie geduldiger sind." Die meisten Frauen auf der Stuhlreihe gegenüber nicken.

Nicht überall in Pakistan sind die patriarchalen Traditio-nen so mächtig wie in dieser nordwestlichen Provinz. Hier gibt es Landstriche, wo die stolzen Paschtunen gegen Frau-enrechte kämpfen wie gegen eine feindliche Invasion. Bei der ersten Wahl nach Einführung der Quote blockierten be-waffnete Militante die Straße zum Wahlbüro, hielten Frauen mit Gewalt davon ab, ihre Unterlagen fristgerecht einzureichen. Religionsführer drohten, eine Frau, die als Gemeinderätin kandidiere, bekomme fortan weder einen Heiratsvertrag noch ihr Sterbegebet. In einem Distrikt beschlossen die Führer aller Parteien: Bei uns gehen die Frauen nicht wählen. Und die Frauen trauten sich tatsächlich nicht aus dem Haus.

Allein die Namen ihrer Ehefrauen und Töchter bekannt zu geben durch den Eintrag in einer Wählerliste, das empfinden diese Männer bereits als Entehrung, als Verstoß gegen *Purdah*, die uralte Sitte, Frauen vor der Öffentlichkeit zu verbergen. Das Wort kommt aus dem Persischen und bedeutet Schleier oder Vorhang. Durch die arabisch-islamische Eroberung Persiens im 7. Jahrhundert kam der Purdah-Gedanke zu den Muslimen, und mit ihnen hielt er später Einzug in Nordindien, auch bei den Oberklassen der Hindus. Die Ärmsten konnten es sich nie leisten, ihre Frauen in ehrenvoller Untätigkeit einzusperren.

Purdah – manche Gemeinderäte tagen nun tatsächlich mit einem Vorhang in der Mitte, rechts die Frauen, links die Männer, nur keine Blicke tauschen! Als eine angereiste Aktivistin der „Aurat"-Stiftung in einem solchen Ort einen Vortrag hielt, wurden die Männer unruhig: Plötzlich geschah das Wichtigste nicht mehr auf ihrer Seite des Vorhangs. Sie verlangten, die Rednerin zu sehen, so wurde ein Loch in den Vorhang geschnitten. Ein symbolischer Akt. Das Loch ließ sich nie mehr schließen, der Vorhang wurde später entfernt.

Wo die braunen, trockenen Hügel allmählich in Berge übergehen, liegt das Städtchen Thal. Purdah ist hier das oberste Prinzip des Lebens, die Frauen sind unsichtbar, 9000 Frauen und Mädchen leben versteckt hinter den hohen, lehmgelben Mauern, die den Hof eines jeden Hauses umgeben. Vor den Haustüren hängen zur Gasse hin schwere Decken, um den fremden Blick zu blockieren, falls die Tür einmal versehentlich einen Spalt offen steht. Bei armen Leuten hängen Vorhänge aus zusammengenähten Reissäcken vor der Tür.

Romana Malik wartet auf mich in einem schön gekachelten Hof, die Mauern sind blau, das Haus komfortabel – gleichsam ein vergoldeter Käfig. Es scheint unvorstellbar, dass eine Frau, die ein freieres Leben kennt, freiwillig nach Thal käme. Doch Romana hat genau das getan. Die Liebe zu einem Paschtunen hat die Lehrerin aus der Großstadt in dieses Sittengefängnis gelockt. Nun versucht sie, Stäbe aus den Gittern zu brechen. Auch Romana ist Gemeinderätin, aber an den Sitzungen mit Männern teilzunehmen ist undenkbar: Purdah!

Die meisten Frauen in Thal sehen nur ihre vier Wände, verlassen ihr Haus bloß für Familienfeiern, ein paarmal im Jahr. Romana setzt sich über die Gepflogenheiten hinweg, sie geht aus, schwitzend unter ihrer weißen Burka, die sie mit zorniger Verachtung „meinen Fallschirm" nennt. „Die Mullahs hier sagen, ohne Socken würden Frauen zur Hölle fahren. Mir ist das zu warm. Und man kann auch mit Socken zur Hölle fahren." Anklagend führt sie mich durch die Stadt; vor dem Internet-Café steht eine Phalanx von Männern, Romana gestikuliert wie ein Betttuchgespenst: „Natürlich ist das nicht für uns!" Dann zeigt sie mir, wie Witwen leben in Purdah: Sie halten Kühe im Hausflur, es stinkt, überall Fliegen; der Verkauf von Milch hilft den Witwen zu überleben, ohne das Haus zu verlassen. Die Frauen kennen Romana, begrüßen sie freudig; sie tut, was andere nicht wagen.

Aber nun zupft ihr neunjähriger Sohn, der uns durch die Stadt begleitet, nervös an ihrer Burka. Die Ausländerin, flüstert er, solle sich doch bitte richtig verschleiern, ihr Tuch über die Nasenspitze ziehen. Das nackte Gesicht ist ihm peinlich. Was werden sie morgen in der Schule sagen!

Lahore, im Osten Pakistans. Der Campus des Kinnaird-College ist ein schattiger Park mit Backsteingebäuden. Studentinnen schlendern durch Arkadengänge, Bücher unterm Arm, das Haar meist unbedeckt, und von ihren Schultern flattert fröhlich die *Dupatta*, ein großer Schal, wie ihn auch Inderinnen tragen. Die Grenze zu Indien ist nur eine halbe Fahrstunde entfernt.

Nach der erstickenden Enge von Thal wirkt der Campus des Kinnaird-College wie ein Paradies, ein Paradies für Frauen.

Lahore, Pakistans kulturelle Metropole, hat mehr als ein Dutzend Frauen-Colleges, dies ist das Angesehenste. Hier werden nur die Besten genommen, meist stammen sie aus Familien, die sowohl wohlhabend als auch weltoffen sind. Das College gehört der christlichen Kirche, die Lehrenden und die rund 3000 Studentinnen sind hingegen ganz überwiegend Musliminnen. Bei einer Feier werden erst ein paar Zeilen aus dem Koran gelesen, dann aus der Bibel. Der Unterricht ist strikt säkular.

Die Kombination von Toleranz und Leistungsorientierung hat das College zu einem Motor der Emanzipation gemacht. Von hier kamen Frauen, die mehr wollten und mehr wagten – die Philosophieprofessorin wie die Pilotin, die Unternehmerin, die Fotografin.

Das ist der Geist von Mira Phailbus: Die 67-jährige Christin im farbenfrohen Sari war bis vor Kurzem die Rektorin, sie verkörpert das Kinnaird'sche Frauenideal – eine Art feministische Damenhaftigkeit. Nie würde Mira Phailbus den Lippenstift vergessen, aber sie würde auch nicht zögern, unterm Tisch, wenn nötig, Tritte auszuteilen. Ihr kleines, unprätentiöses Büro ist voll gestopft mit College-Trophäen. Gerade ist ein Frauenmagazin zum Interview da, natürlich auch eine Absolventin; die Tonlage zwischen der Alten und der Jungen ist verschwörerisch.

Dreißig Jahren hat Mira Phailbus das College gesteuert und sein Gesicht komplett verändert. Früher lieferte das ehrwürdige Institut – gegründet 1913 – den Oberklasse-Ehen überqualifizierte Hausfrauen; heute ist es ein Sprungbrett für Karrieren. „Frauen müssen berufstätig sein", sagt Mira Phailbus kategorisch. „Sie können für die Gesellschaft weit mehr leisten, als nur ihre Kinder zu erziehen. Wir waren unserer Zeit voraus, wir haben die Grenzen des Möglichen verschoben. Viele unserer Absolventinnen wurden Vorbilder für eine ganze Generation."

Eine Szene wie aus einem Lehrfilm für weibliches Networking: Im College-Flur steht die junge Managerin einer Elektronikfirma und wedelt mit Papieren, auf denen die verheißungsvolle Überschrift „Career Opportunity" zu lesen ist. Sie will Absolventinnen für die freien Stellen in ihrem Unternehmen anwerben: „Wir sind nur drei Frauen unter 300 Beschäftigten; dabei sind Frauen doch einfach besser!" Sie geht mit den Stellenangeboten nur zu den Spitzeninstituten, zum Kinnaird-College und zur „Lahore University of Management Sciences". Letztere ist eine private Elite-Universität, deren Semestergebühren so hoch sind wie zwei Jahresgehälter eines Textilarbeiters. Der Frauenanteil dort beträgt vierzig Prozent – Pakistans Oberklasse lässt sich die Ausbildung ihrer Töchter durchaus etwas kosten.

Nach westlichen Maßstäben sind die Sitten am Kinnaird-College konservativ. Liebeleien mit Jungs sind tabu, „das ist nicht unsere Kultur", sagt eine Dozentin. Junge Männer sind nur zu besonderen Gelegenheiten auf dem Campus zugelassen, bei sogenannten „geführten Begegnungen" wie im Debattierklub, wo nach anglo-indischem Vorbild Scharfsinn und Eloquenz wetteifern sollen. Die Kinnaird-Mädchen gelten als ebenso schön wie arrogant.

Der Fachbereich Massenkommunikation hat mich zur Diskussion mit einer Abschlussklasse eingeladen: 25 streitlustige junge Damen mit brillantem Englisch nehmen mich ins Verhör. Warum ist das Pakistan-Bild im Westen so negativ? Warum werden in Frankreich und Deutschland Kopftücher geächtet? Warum gelten alle Musliminnen als unterdrückt? „Wir Städterinnen sind genauso frei wie ihr Frauen im Westen", sagt eine Studentin, „aber uns ist die Familie eben wichtiger als euch." Und auf was richtet sich ihr Ehrgeiz als künftige Journalistinnen? Die Antwort ist gewollt provokant: „Der westlichen Propaganda entgegentreten!"

Über Pakistans Presse ist bei uns genauso wenig bekannt wie über solche jungen Frauen. Die englischsprachigen Zeitungen berichten freimütig und kritisch. Häufig werden Frauenbelange thematisiert, und die Artikel zeigen, dass der Kampf um Teilhabe keineswegs auf die Oberklasse begrenzt ist. Gleicher Lohn für gleichwertige Arbeit!, beschließt eine Gewerkschafterkonferenz. Schluss mit geschlechtlicher Diskriminierung am Arbeitsplatz!, verlangt die Chefin einer *Women Workers Helpline*. „In unseren Filmen kommen Frauen nur als Püppchen vor", beschwert sich eine Schauspielerin. In allen Redaktionen arbeiten Frauen; ein angesehenes politisches Magazin hat eine Chefredakteurin.

Ein Abend in Lahore, eine dunkle Seitenstraße. Hinter einer Mauer ein großer Garten, auf dem kurz geschorenen Rasen ist mit weißer Kreide ein Kreis gezogen, um ihn herum stehen Stühle. Plötzlich springt eine Gruppe schwarz gekleideter Männer und Frauen in den Scheinwerferkegel des Kreises, brüllend und gestikulierend. Das ist Theater, ein Theater ohne Requisiten; das Stück handelt von Demokratie und religiösem Fanatismus. Das Thema scheint brandaktuell, dabei ist alles an diesem Abend ein Jubiläum, eine Erinnerung an die Zeit, als religiöser Extremismus in Pakistan erstmals in großem Stil an Macht gewann. Es war die Zeit des Militärregimes unter General Zia ul-Haq, der sich 1977 an die Macht geputscht hatte. Damals trat das Ensemble „Ajoka" auf dieser Wiese zum ersten Mal auf, in einem ganz ähnlichen Kreidekreis. Der Garten, das private Grundstück schützte die Schauspieler vor den Häschern der Diktatur. Am heutigen Abend sind die äußeren Umstände freiheitlicher – aber die Schauspieler wollen daran erinnern, dass sich die Ziele des Kampfs seit damals nicht wesentlich geändert haben.

Das elf Jahre während Regime von Zia ul-Haq hat Pakistan ein verheerendes Erbe hinterlassen. Um seine Macht zu legitimieren und zu festigen, bediente der General sich radikaler islamischer Ideologien, verbündete sich mit religiösen Extremisten und führte 1979 ein Bündel von Strafvorschriften der Scharia ein – parallel zum gemeinhin geltenden säkularen Recht. Extreme Körperstrafen wie Steinigung oder Amputation wurden zwar in der Folgezeit nie angewandt, aber durch die sogenannten „Hudud"-Vorschriften erfuhren Gewalt und Willkür gegenüber Frauen nun plötzlich eine religiöse Rechtfertigung. Wie sollte eine Vergewaltigte noch Anklage erheben können, wenn sie dafür vier männliche Zeugen beibringen musste?

General Zia ul-Haq aber wurde ein Held des freien Westens. Mittlerweile war die Sowjetunion in Afghanistan einmarschiert, die Amerikaner pumpten Geld und Waffen nach Pakistan und unterstützten jeden radikalen Religionskämpfer, solange er antisowjetisch war. Der politische Fallout dieser Ära ist bekannt, es folgten die Taliban, das Attentat vom 11. September 2001, es folgte ein neuer Afghanistankrieg und wiederum Jahre der Instabilität. Der Abend in diesem Garten in Lahore erinnert an ein wenig bekanntes Detail in diesem großen Szenario: General Zia ul-Haq bekam die Unterstützung des Westens, während er zu Hause Frauen-Demonstrationen zerschlagen ließ. Es waren die Demonstrationen von Musliminnen, die gegen die Beschneidung ihrer Freiheiten protestierten.

Zu ihnen gehörte Madeeha Gauhar, die Gründerin und Regisseurin des „Ajoka"-Theaters. Sie steht an diesem Abend im Scheinwerferkegel des dunklen Gartens, eine Frau von kräftiger, mütterlicher Statur, das lange Haar nach hinten gebunden. Sie landete im Gefängnis damals, genauso wie andere Vorkämpferinnen für Frauen- und Menschenrechte, von denen in diesem Kapitel noch die Rede sein wird, etwa die Rechtsanwältinnen Asma Jahangir und Hina Jilani. Allesamt waren sie gebildete junge Städterinnen; sie gingen auf die Barrikaden, als der General Mädchen den Zugang zu koedukativen Lehranstalten versperrte und an den Schulen propagieren ließ, Frauen gehörten ins Haus. Doch die Masse der Frauen Pakistans war nicht in der Lage, die Flugblätter der Protestierenden überhaupt zu lesen. Und sie träumten eher von einem Eimer sauberen Wassers als von Koedukation. So wurde die Erfahrung der Repression für die städtischen Frauenrechtlerinnen zum Wendepunkt: Der Kampf musste auf die Dörfer getragen werden.

Die einen gründeten „Aurat", die Stiftung, das Netzwerk für Frauen, in dem auch viele Männer aktiv wurden. Madeeha Gauhar gründete „Ajoka": ein volksnahes Emanzipations-Theater. Und tatsächlich sahen später Millionen von Zuschauern seine Stücke, Aufklärung über Vergewaltigung, Ehrenmorde und Zwangsheirat und über das vermeintliche

Unglück, ein Mädchen zur Welt zu bringen. Längst ist das einstige Untergrundtheater gesellschaftlich anerkannt, manche Produktionen liefen im staatlichen Fernsehen. Und unter der Regie von Madeeha Gauhar standen erstmals indische und pakistanische Schauspieler gemeinsam auf einer Bühne – wie selbstverständlich widmete sich die Wiederentdeckung gemeinsamer Kultur auch Frauenbelangen.

Dies ist die andere Seite des patriarchalischen Pakistan: Frauenrechte sind kein belächelter Nebenaspekt, dafür ist die Rolle der Frauen viel zu kontrovers, viel zu wichtig im Tauziehen zwischen Modernisierern und Traditionalisten, im Ringen zwischen einem moderaten und einem extremen Islam.

Die islamischen Strafvorschriften, die 1979 eingeführt wurden, sind bis heute ein zentrales Element in diesem Tauziehen geblieben. Die ultrareligiösen und traditionalistischen Kräfte verteidigen sie, die Frauen- und Menschenrechtsbewegung hat hingegen immer wieder neue Anläufe für ihre Abschaffung unternommen. Im November 2006 hatten diese Bemühungen zumindest einen Teilerfolg, um den wiederum bis zur letzten Minute im Parlament gerungen wurde: Ein sogenanntes „Gesetz zum Schutz der Frauen" lässt nun Vergewaltigungsanklagen wieder vor säkularen Gerichten zu. Damit fällt die absurde Bedingung, dass eine Vergewaltigte vier Zeugen für die Tat beibringen muss. In der Vergangenheit waren viele Frauen Opfer einer religiösen Doppelmoral geworden: Weil sie aus naheliegenden Gründen keine Zeugen für die Vergewaltigung hatten, wurden sie selbst des verbotenen außerehelichen Geschlechtsverkehrs beschuldigt und ins Gefängnis geworfen. Denn sie hatten ihr vermeintliches Vergehen ja zugegeben.

Eine Untersuchung im Auftrag von Pakistans nationaler Gleichstellungskommission fand heraus, dass 88 Prozent aller weiblichen Häftlinge in Pakistan wegen des Vorwurfs illegalen Geschlechtsverkehrs im Gefängnis sitzen. Fast immer sind es arme Frauen, oft sind sie Analphabetinnen. Tausende von Opfern einer religiös drapierten Willkür nun tatsächlich aus den Gefängnissen herauszuholen, darum wird nun das weitere Tauziehen gehen.

Manchmal hat man den Eindruck, als gebe es in Pakistan nur Extreme bezüglich der Stellung der Frau: hier völlig rechtlose, diskriminierte Wesen, dort kraftvolle, kampferprobte Gestalten.

In diesem Land, das so viele Jahre seiner kurzen Existenz unter Militärherrschaft gestanden hat, sind starke Frauen der Kern der Zivilgesellschaft, der Nukleus eines lichteren Pakistan. Sie können regelrecht einschüchternd sein – gegen Pakistans Powerfrauen wirken wir Westlich-Emanzipierten wie Federn im Wind. Diese männerdominierte Gesellschaft bringt einen anderen Frauentypus hervor: umwerfend selbstbewusst, raumgreifend im Auftreten, mit einer Ausstrahlung ungehemmten Machtwillens. „Ich bin eine aggressive Frau", sagt eine leitende Managerin unbekümmert. „Ich treffe härtere Entscheidungen als die Männer und setze sie härter durch."

Viele pakistanische Männer scheinen Angst zu haben vor starken Frauen. Durch die Geschlechtertrennung in den Schulen haben die Männer nie gelernt, sich spielerisch mit Frauen zu messen, gar mit ihnen zu wetteifern. Frauen sind das schlichtweg Andere, letztlich das Unbekannte.

Die pakistanische Psychologin und Feministin Durre S. Ahmed deutet die Frauenunterdrückung während der Taliban-Herrschaft in Afghanistan als extremen Ausdruck der Angst vor diesem Unbekannten. Aufgewachsen als Kriegswaisen in frauenlosen Internaten kannten viele Taliban weder Mütter noch Schwestern, sie verkörperten „die furchtsame Entfremdung vom Weiblichen", sperrten schließlich weg, was sie nicht kannten. Fanatismus, schreibt die Psychologin, sei in allen Religionen die jeweils „hyper-maskuline Lesart".

Emanzipation fordert einen Preis in einer solchen Gesellschaft. „Stark und allein", murmelt Rukhshanda Naz, als ich sie auf ihre Stärke anspreche. Sie leitet die Frauenorganisation „Aurat" in Peschawar, in der schwierigen, konservativen Nordwestprovinz. Mit elf Jahren, als die Mutter ihr das erste Tuch gab, damit sie sich verschleiere, begann Rukhshanda zu rebellieren, verlangte nach den Freiheiten ihrer Brüder. Mit 15 trat sie in den Hungerstreik, bis die Eltern ihr erlaubten, zum Besuch einer weiterführenden Schule in die Stadt zu ziehen. Später, nach dem Jurastudium, erpresste sie die Eltern wieder, drohte, sie werde die Familie öffentlich bloßstellen, wenn ihr die Arbeit als Anwältin nicht gestattet würde. Heute, sagt Rukhshanda, diene sie der Familie als Negativbeispiel: Seht ihr, sie hat einen Beruf, aber sie hat keinen Mann.

Wenn Mädchen zu lieben beginnen, sind sie eine Gefahr, eine Gefahr für die alte Ordnung, denn Liebe macht rebellisch. Die alte Ordnung aber muss verteidigt werden. So geschah es im Dorf Qaloo Khan.

Nusrat war 13, als sie begann, Liebesbriefe zu schreiben an Luqman, den Sohn des Goldschmieds. Zwei Jahre währte die heimliche Romanze. Nusrat füllte mit ordentlicher Handschrift die herausgerissenen Seiten ihrer Schulhefte, drückte Kuss-Abdrücke mit braunem Lippenstift auf das Linienpapier, faltete es klein zusammen und warf die Kügelchen durch ein Loch in der Mauer in Luqmans kleinen Laden. Sie nummerierte die Briefe; der letzte trug die Zahl 100.

Nusrat starb auf dem Weg ins Krankenhaus. Es war Selbstmord, verbreiten die Eltern. Doch liegt über dem Dorf eine stumme Gewissheit: Die Eltern haben ihre eigene Tochter vergiftet. Ein sogenannter Ehrenmord. Nusrats Liebe verstieß gegen den Willen und gegen das Klassendenken ihrer Familie: Es sind Großgrundbesitzer, eine Verbindung mit dem landlosen Goldschmied kam nicht in Frage. Es scheint unbegreiflich: Sie opferten die Tochter um der feudalen Ordnung willen.

Es war der zwölfte Tag nach Nusrats Tod, als Luqman, islamischer Sitte folgend, am Grab saß und betete. So viel Liebe über den Tod hinaus war eine erneute Provokation. Ein Bruder des Mädchens erschoss den 17-Jährigen an Ort und Stelle, auf dem Friedhof.

Im Haus des Goldschmieds haben sich zu meiner Begrüßung zunächst die weiblichen Familienmitglieder versammelt, doch von dem tragischen Geschehen zu erzählen, das ist männliches Privileg. Vater und Großvater rücken Korbsessel in die Mitte des Wohnzimmers, Frauen und Mädchen ziehen sich schweigend auf die Pritschen in den Ecken zurück, nicht ohne zuvor Tee und süßes Gebäck auf einem niedrigen Tischchen anzurichten. Trauer kann pakistanische Gastfreundschaft nicht schmälern. Der Goldschmied öffnet einen Aktendeckel, er will Gerechtigkeit, die Bestrafung der Schuldigen. Eine Menschenrechtskommission half ihm, Briefe an die Behörden zu schreiben. Zumindest der Mörder seines Sohnes wurde nun verhaftet. Der Goldschmied hätte eine Liebesheirat gutgeheißen; er hielt im Namen des Sohnes um die Hand des Mädchens an, vergeblich.

Im Schaufenster des kleinen Schmuckladens steht ein Foto des toten Jungen. Dorfbewohner laufen zusammen, als ich den Laden besichtige. Sie unterstützen den Vater und seinen Ruf nach Gerechtigkeit. Solche Parteinahme ist

neu: Früher schien es in der ländlich-feudalen Struktur unmöglich, gegen die Mächtigeren aufzumucken.

Weder Pakistans Gesetze noch der Islam rechtfertigen
den Mord um vermeintlicher Ehre willen. Der grausame
Brauch entstand vermutlich in vorislamischer Zeit bei No-
madenstämmen, um die weibliche Sexualität und folglich
die Abstammung der Kinder zu kontrollieren. In einer Kultur, die jede außereheliche Begegnung der Geschlechter mit
obsessivem Sex-Verdacht belegt, werden heutzutage Frauen
aufgrund haltlosester Anschuldigungen getötet. Es reicht,
wenn ein Mann die Frau bloß angesehen hat. Oder wenn
ihr Ehemann von ihrer vermeintlichen Untreue träumte.
Hunderte Frauen starben wie die junge Nusrat, weil sie ein
Recht wahrnehmen wollten, das ihnen gesetzlich explizit
zusteht: sich ihren Mann selbst auszusuchen. Oder sich
scheiden zu lassen. Oder ihren Erbanteil zu verlangen.

Was ist Fortschritt in solcher Finsternis? Familienangehörige von Getöteten oder Bedrohten gehen vor Gericht, verteidigen die Unschuld von Tochter oder Schwester. Die
obersten Gerichte lassen keine mildernden Umstände
mehr gelten. Und die Zeitungen berichten kontinuierlich.

„Die Mauer des Schweigens bröckelt, das Bewusstsein
verändert sich", sagt Farida Shaheed – und das ist auch ihr
Verdienst. Die Soziologin leitet die Frauenorganisation
„Shirkat Gah" (wörtlich: Platz der Teilhabe), die seit Jahren
mit Aufklärungskampagnen und Rechtsberatung gegen die
fatale Tolerierung der Ehrenmorde kämpft. „Shirkat Gah"
hat mit einer betulichen deutschen Fraueninitiative wenig
gemein: Es handelt sich um eine hochprofessionelle Non-
Profit-Agentur mit Dokumentationszentren, Forschungs-
gruppen und diversen Experten, insgesamt 75 Angestellte
beiderlei Geschlechts. Akademische Arbeit und Basisarbeit
zu verbinden, das ist auf dem indisch-pakistanischen Sub-

kontinent weitaus üblicher als bei uns. Auch die Soziologin Farida Shaheed verkörpert diese Verbindung: seit mehr als zwanzig Jahren eine Aktivistin für Frauen- und Bürgerrechte, zugleich publiziert sie, tritt auf internationalen Konferenzen auf, berät mal die Regierung, mal die Vereinten Nationen. Ihre Zeit ist knapp bemessen; als Tribut an die Höflichkeit gegenüber einem ausländischen Gast beantwortet sie ein paar meiner Fragen, delegiert dann sofort alles Weitere an ihre Mitarbeiter. Für einen Moment schleicht sich ein Gefühl der Beschämung ein: Wie wenig ist unsere Auseinandersetzung mit der Rolle von Frauen in islamischen Gesellschaften auf das professionelle Niveau solcher Protagonistinnen eingestellt!

Pakistan ist ein Land der Gegensätze, und nirgends spiegeln sie sich so grell wie in der Lage der Frauen. Hier mittelalterliche Sitten, dort eine vorbildliche Verfassung, die Diskriminierung verbietet. Hier dumpfeste Unterdrückung, dort vorbildliche Institutionen zur Bekämpfung der Unterdrückung. Und sie entstehen nicht aus dem Staatsapparat, nicht aus der Politik, sondern aus der Zivilgesellschaft.

Ein Geschäftshaus in Lahore. Den Aufgang zum zweiten Stock kontrolliert ein Polizeiposten, oben im Flur sitzt ein weiterer Polizist mit Maschinenpistole. Der Schutz gilt zwei prominenten Rechtsanwältinnen und ihren Klientinnen. Dies ist die Kanzlei der Schwestern Asma Jahangir und Hina Jilani. Sie leben seit Jahren mit Morddrohungen, weil sie Frauen gegen die islamischen Strafgesetze und gegen rachsüchtige Familien verteidigen. Religionsführer erklärten die Schwestern in einer Fatwa zu Abgefallenen, die den Tod verdienten. Unterzutauchen kam für die Anwältinnen nicht in Frage; diesen Triumph wollten sie ihren Gegnern nicht gönnen.

Keine Spur von Luxus in dieser international bekannten Kanzlei. Die betagten Klimaanlagen rauschen, Neonröhren streuen graues Licht auf Stapel brauner Aktentüten; aus einer kleinen Küche dringt Essensgeruch. Auf einer gepolsterten Bank warten Mandantinnen, flüstern mit ihren Begleitern, daneben sitzt der Polizist mit der Maschinenpistole auf den Knien, er raucht und schaut melancholisch auf eine weinende junge Frau.

Unvergessen der schlimmste Tag in dieser Kanzlei, als eine Mandantin vor den Augen der Anwältin Hina ermordet wurde. Die Mutter kam mit einem gedungenen Killer, dem ehemaligen Fahrer der Familie, und ließ ihre Tochter durch einen Kopfschuss hinrichten – weil die sich scheiden lassen wollte. Eine zweite Kugel verfehlte die Anwältin nur knapp. Das blutige Drama hat einen Oberklasse-Hintergrund: die Mutter Gynäkologin, der Vater ein angesehener Geschäftsmann. Beschützt durch ihren Reichtum und ihre politische Macht wurden sie bis heute nicht belangt.

Eine Mitarbeiterin der Kanzlei bringt mich zu einem Frauenhaus; die Rechtsanwältinnen haben es an einem geheim gehaltenen Ort eingerichtet, um bedrohte Mandantinnen zu verstecken. Auf ein verabredetes Hupsignal hin wird das Tor zum Hof geöffnet. „Dastak" heißt das Refugium, das bedeutet „anklopfen" – und niemand wird abgewiesen. 35 Schlafplätze in doppelstöckigen Betten, daneben stehen erst gar keine Tische, damit jederzeit Raum ist für Notlager auf dem Boden. Manchmal leben hier bis zu achtzig Frauen auf einmal. Drei Monate dürfen sie bleiben, die Rechtsanwältinnen helfen ihnen, in dieser Zeit entweder die Scheidung zu erwirken oder sich mit ihren Familien zu versöhnen. In der Küche werden auf heißen Platten *Chapattis* geklopft, weiche Brotfladen. Geistesabwesende Geschäftigkeit, wo keine Tränen mehr sind: Darin ähneln sich alle Frauenhäuser der Welt.

Vor der eigenen Familie fliehen, sich einer Anwältin anvertrauen, das ist unter pakistanischen Vorzeichen ein großer Schritt – ein Bruch mit der mächtigen Tradition des Gehorsams gegenüber den Männern, den Eltern, den lokalen Machthabern, ein Bruch mit allem Erdulden und Verschweigen, über Generationen eingeübt.

Eine scheue 27-Jährige trägt einen Verband mitten im Gesicht, das Gesicht wirkt seltsam flach. Man möchte die Ohren verschließen vor der Geschichte, die nun kommen wird. Die Frau war der Untreue bezichtigt worden, der Ehemann hielt ihre Hände auf dem Rücken fest, während der Bruder ihr die Nase abhackte. „Es geschah um fünf Uhr nachmittags." Das ist alles, was die junge Frau dazu sagt. Sie floh mit ihren drei Kindern. Aus dem Hilfsfonds des Frauenhauses wird eine Operation bezahlt, um die Nase zu rekonstruieren.

Flug in den Norden, zum Hochtal Chitral, in den Ausläufern des Hindukusch. Die betagte Propellermaschine quält sich über einen Pass, rechts und links rücken schneebedeckte Kuppen beängstigend nah heran.

Wer in die Berge fliegt, erwartet Landschaft, nicht Fortschritt. Aber schon beim Abflug waren mir selbstbewusste, allein reisende Frauen aufgefallen. Eine stellte sich forsch als „Gender Officer" vor, eine andere als Ärztin und die Dritte sagte ohne Umschweife: „Komm zu uns nach Buni!" Buni! Da endet auf meiner Landkarte die befestigte Straße; nördlich davon nur noch Punkte zwischen Bergen, und darüber liegt wie ein Schlauch der afghanische Vakhan-Korridor, er ist berüchtigt für den Anbau von Mohn. Also nach Buni.

Ein Ort mit würziger Luft und heiterem Klima. Männer stecken sich Blümchen an ihre deckelförmigen Wollmützen, und galoppierende Kinder tragen Poloturniere ohne Pferd aus, mit Holzstöcken fuchtelnd. Von hier aus wanderte der Fortschritt durch die Berge. Die Leute von Buni sind Ismailiten, das ist eine Sekte am Rande des schiitischen Islam; orthodoxen Muslimen sind sie verdächtig. Ihr Oberhaupt Aga Khan lebt in Frankreich, und von ihm kennen die Leute in Buni diesen Leitsatz: „Wenn du zwei Kinder hast und nur Geld für die Ausbildung von einem, dann wähle das Mädchen, denn sie repräsentiert die Familie, der Junge repräsentiert nur sich."

In der Familie der 18-jährigen Kiran, die mich nach Buni eingeladen hat, werden solche Sätze mit Überzeugung vertreten. Kirans Bruder arbeitet für die Aga-Khan-Stiftung, die in den Bergen Entwicklung und Bildung vorantreibt. Wir sitzen im alten Haus der Familie unter geschnitzten Holzbalken, das Mittagessen wird auf dem Boden serviert, und Kirans Vater erzählt die kurze Geschichte der Frauenemanzipation in diesem Hochtal des Hindukusch.

Anfang der siebziger Jahre zogen die ersten Mädchen *downcountry* – so nennen die Leute in Buni das restliche Pakistan –, um höhere Bildung zu erwerben. Sie wurden artig begleitet von Brüdern oder Cousins, aber trotzdem galten diese Familien als Schande für das ganze Tal, vor allem in Nieder-Chitral: Dort leben Sunniten. Wartet nur, eure Töchter werden bald Liebesbriefe schreiben!, höhnten sie. Als von Downcountry die erste Gynäkologin zurück in die Berge kam, verstummten die Kritiker.

Heute dürfen die Mädchen alleine zum Studium nach Downcountry. Manche Väter schicken ihre Töchter sogar ins ferne Karatschi, weil die näher gelegenen Universitäten ihnen nicht mehr gut genug sind.

In Buni gibt es keine Ehrenmorde; dafür stehen hier mehrere Schulen, ein Krankenhaus und ein College für

Mädchen. Der prächtigste Neubau, von einem Rosengarten umgeben, ist ein Wohnheim für Studentinnen. Sie kommen aus jenen Orten, die auf meiner Karte nur Punkte sind zwischen den Bergen.

Und Purdah, die Abschottung der Frauen? Der Zweck von Purdah, sagen die Leute in Buni, war immer die Würde der Frau. Die Mittel änderten sich im Laufe der Zeit, und niemand solle die Mittel wichtiger nehmen als den Zweck. Als die Würde.

Fatwa und Globalisierung

Ägypten: An der Azhar,
der ältesten Universität der Welt

Diese knisternde Gelehrsamkeit, wie leise raschelndes Papier. Scheich Bayoumi steht in seiner Bibliothek, ein zierlicher Mann vor dem dunklen Leder der Bücher. Ihre Rücken gruppieren sich zu goldglänzenden Kalligrafien. Kein Buch lungert hier alleine herum, das versammelte religiöse Wissen marschiert in einschüchternden Formationen. Koranexegese. Die Kommentare der vier islamischen Rechtsschulen. Die Aussprüche des Propheten in 23 Bänden.

Bayoumi konnte den Koran bereits auswendig, als er neun Jahre alt war; nun ist er 64. „Wollen Sie mich testen?" fragt der Ägypter herausfordernd und reicht eine Koranausgabe herüber. „Ich bin bereit."

Abdel-Mouty Bayoumi ist Theologieprofessor, er zählt zu den ranghöchsten Gelehrten der Azhar-Universität; das ist die wichtigste Lehranstalt des sunnitischen Islam. Sein Titel Scheich bedeutet im Kosmos islamischer Bildung Alter und Autorität; einem Scheich küssen Studenten die Hand. In der Welt der Azhariten ist Respekt überaus wichtig. Den ganzen Koran auswendig zu können, das ist nur die allererste Voraussetzung, dieser Welt angehören zu dürfen.

Ich bin bei Bayoumi zu Hause, im Norden von Kairo. Der Salon ähnelt in seiner dekorativen Strenge den Buchrücken. Acht vergoldete Louis-XV-Stühle, zwei entsprechende Sofas; in der Mitte ein schwarzer Marmortisch mit Spitzendecke, darauf ein Koran, aufgebahrt in einer geöffneten Perlmuttschatulle. Es bringt Segen, den Koran zu betrachten, sagt Bayoumi. „Im Westen versteht man das nicht.

Denn Sie blicken auf die Religion von einem materialistischen Standpunkt aus. Der Islam aber formt die Menschen so, dass sie einen Ausgleich finden zwischen Materialismus und Spiritualität."

Später am Abend wird der Koran abgeräumt, wir essen schwere Schokoladentorte, und allmählich legt sich die Befangenheit.

In Bayoumis Salon hängt hinter Glas eine kleine Kopie der vergoldeten Tür zur Kaaba, dem Heiligtum in Mekka. Zweimal durfte er hinein, das ist nur wenigen Muslimen vergönnt. Er ging die schmale Treppe hinauf, ins dunkle Innere des Schreins. Was war das für ein Gefühl? „Aah!" Der Scheich atmet tief durch. „Beten, wo der Prophet gebetet hat! Segen. Licht. Ein solches Gefühl von Vollkommenheit."

Religiosität, das ist unvertrautes Terrain für Journalisten. Und die Absicht, über die berühmteste islamische Universität zu schreiben, ist ohnehin vermessen. Als würde eine Muslimin beim Vatikan anklopfen. Vatikan: Der Vergleich ist falsch, der Islam kennt keine höchste Autorität. Aber die Azhar kommt für die Sunniten einer solchen Autorität am nächsten. So war es jedenfalls über Jahrhunderte, als noch nicht so viele Winde an den ehrwürdigen Roben der Scheichs zerrten. Als es noch kein Satellitenfernsehen gab und keine Fatwa-Hotline.

Heute kreuzen sich im Kosmos der Azhariten zwei große Tendenzen der muslimischen Welt: der beharrende, textgläubige Konservatismus und die fiebernde Suche nach Orientierung.

Al-Azhar, das heißt „die Blühende". Gegründet im Jahr 972 in einer Kairoer Moschee; das macht sie zur Ältesten noch bestehenden Universität der Welt – und zu einer Erinnerung an die einstige kulturelle Überlegenheit des Islam. Zum Alter gesellt sich heute eine kaum vorstellbare Größe:

375 000 Studenten und 16 000 Lehrkräfte. Sie verteilen sich auf 65 Fakultäten an 18 Standorten in Ägypten. Ihnen angeschlossen sind zwei Dutzend wissenschaftliche Institute, die sich von der Herzchirurgie bis zur Käseproduktion allem Erdenklichen widmen, vier Krankenhäuser sowie ein zehnstöckiges Forschungszentrum, in dem zum Beispiel die islamische Position zum Thema Klonen gesucht wird.

Die Masse der Studenten und Studentinnen kommt aus Ägypten; sie haben meistens eine der 7000 Azhar-Schulen im Land besucht, wo sie bis zum Abitur zwei Jahre länger lernen mussten, wegen des vielen religiösen Stoffes. Aber für viele fromme junge Muslime aus armen Dörfern in Afrika und Asien hat der Begriff „Azhar" auch heute noch den großen, alten Glanz einer „Kaaba des Wissens", und so studieren in Kairo 20 000 ausländische Stipendiaten aus nahezu einhundert Ländern.

Die Erkundung muss beginnen, wo alles begann, vor mehr als tausend Jahren, in der Azhar-Moschee in Kairos Altstadt: Abendlicht taucht den Innenhof in Heimeligkeit, Kinder schlittern auf Socken über die mattweißen Marmorfliesen. Am Rand sitzen Erwachsene essend und lesend. Jemand schläft, an eine Teppichrolle geschmiegt. Ein junger Mann umrundet den Hof, den Blick im Buch; mit verhaltenen Schritten gibt er sich selbst den Takt zum Rezitieren. Ein Scheinwerfer konturiert das Wahrzeichen der Azhar, ein Doppelminarett: Die beiden Türme symbolisieren Wissen und Glauben; sie stehen zusammen, sollen sich nicht trennen.

Lehrstuhl, das Wort stammt von hier. Der Scheich saß auf einem niedrigen Hocker, mit dem Rücken an eine Säule gelehnt, die seinen Namen trug. Ringsum im Halbkreis die Studenten. Diese altertümliche Intimität mündlicher Lehre, für einen Moment ist sie noch heute zu sehen. Durch die lichte Ornamentik einer holzgedrechselten Trennwand kann man in einen jener Nebenräume blicken, in denen einst die auswärtigen Studenten der Moschee-Universität schliefen. Nun sitzen dort Frauen auf dem Boden und lauschen einem Scheich, der die große, schwarze Brille des Blinden trägt. Als die letzte Zuhörerin den Raum verlässt, verabschiedet sie sich laut, damit der Blinde nicht ins Leere lehrt.

Dass Blinde eine spirituelle Hellsicht erreichen können, die dem Sehenden nicht zugänglich ist, diese Überzeugung ist von alters her im ägyptischen Islam verankert. Früher war es oft der blinde Dorf-Scheich, der die Kinder lehrte. Und auch heute trifft man auf dem alten Campus um die Moschee herum Professoren, die schon als Kind erblindet sind. Die Studenten behandeln sie mit behutsamem, scheuen Respekt.

Am nächsten Morgen, zwanzig Minuten Taxifahrt entfernt, zeigt die Azhar ihr anderes Gesicht: die moderne Massenuniversität. Im Stadtteil Nasr City stehen vor den wuchtigen Stelen des Hauptores Polizisten und Soldaten mit Walkie-Talkies und automatischen Gewehren. Das ist im autoritären Ägypten eine übliche Bewachung: Niemand darf ohne Genehmigung einen Campus betreten, und vor jedem einzelnen Gebäude steht zusätzlich ein meist gähnender Uniformierter.

Ich unternehme diese Recherche gemeinsam mit Daniel Steinvorth, einem jungen Kollegen – aber nicht etwa weil ein Mann nötig wäre. Die geläufige Vermutung, eine Journalistin könne sich in der islamischen Welt nicht frei bewegen, ist falsch, auch an diesem Ort der Tradition. Mit Kopftuch kann ich alle Bereiche der Universität betreten. Dennoch ist zu zweit manches leichter. Die Spannung zwischen der islamischen und der westlichen Welt, hier spüren wir sie hautnah, bei jedem Schritt, bei jeder Begegnung.

Schwierig ist es für beide Seiten: Vorsichtig öffnen uns die Scheichs einen Spalt breit ihre Türen, uns ist es nie weit genug, während sie bereits Durchzug fürchten. Und selten können wir schlicht Beobachter sein; für Studenten und Professoren sind wir Gesandte des Westens, als solche werden wir geehrt und gescholten, belehrt und beschenkt. Und mehr als einmal fällt der Satz: „Sie wissen nichts über uns."

Bismillah, im Namen Gottes, des Barmherzigen, murmelt der fromme Herr Sharif, als er am Tor der Universität zu uns ins Auto steigt. Er macht sich mit der Segensformel Mut; die Universität hat ihn abgestellt, unser Schatten zu sein auf allen Wegen. Herr Sharif trägt einen Bart wie der Prophet, dazu ein Bäuchlein und eine schwarze Aktentasche, in der seine Mitschriften unserer Interviews verschwinden. Herr Sharif ist sehr bemüht, seine Aufgabe gut zu machen. Er weist darauf hin, dass sich Muslime vor dem Essen die Hände waschen und dass man sich auf dem Campus einer islamischen Universität die Jacke nicht um die Hüften bindet.

Rhythmisches Brüllen hinter Bäumen. „Kraft!", „Wille!", Trabgeräusche nähern sich, ein paar Hundertschaften joggender Studenten biegen um die Ecke. Auf ihren roten Trikots steht: Vodafone. Sporterziehung ist eines der vielen säkularen Fächer an dieser Universität. Aber ob sich jemand auf Leichtathletik, auf Zahnprothesen oder auf Honigproduktion spezialisiert: Religiöse Studien sind für alle obligatorisch. Die Läufer ziehen am Rektoratsgebäude vorbei, „Kraft!", „Wille!", verschwinden um die nächste Ecke. In der Morgenluft bleibt ein leichter Männergeruch zurück.

Der Frauencampus ist drüben, hinter einer Mauer.

Geschlechtertrennung gilt an der Azhar als Mutter aller Tugenden. Doch es sind vor allem die Mädchen, die ein explosives Wachstum der Universität bewirkt haben. Seit

1998 hat sich die Zahl der Studenten verdoppelt, die Mädchen werden bald die Hälfte stellen, sie zählen bereits mehr als 150 000. Die meisten sind Einheimische. Immer mehr junge Ägypterinnen wollen Bildung, weil sie ihnen ein wenig Unabhängigkeit verspricht, und immer mehr muslimische Eltern wollen eine religiöse Erziehung ihrer Töchter.

Der Andrang der Mädchen zur Azhar ist somit das ägyptische Gesicht eines in vielen Ländern anzutreffenden Phänomens: Weltweit erobern junge Musliminnen die Bildung und die Theologie. Im kulturell konservativen Ägypten erleichtern die vielen regionalen Standorte der Azhar den Familien die Entscheidung: Die Mädchen können heimatnah studieren; sie entfernen sich zwar von der Fürsorge und der Kontrolle der Familie, doch sie verschwinden nicht hinter dem Horizont.

Vor dem Büro des Rektors steht an diesem Morgen statt des üblichen Polizisten ein höherer Offizier, zu Ehren unseres Besuchs. Ein plötzlich auftauchender Schwarm von Begleitern unterstreicht die Wichtigkeit der Begegnung. Ahmed al-Tayyeb empfängt in einem riesigen, dunkel getäfelten Amtszimmer; der 58-Jährige trägt Anzug, keine Robe, und er vertreibt die steife Atmosphäre rasch durch seine freundliche und ein wenig leidende Zivilität. Er ist noch nicht lange auf diesem Posten, und schon eine Herzoperation! Zu groß der Stress, zu klein der Etat. Und ständig diese Nackenschmerzen. In seinen Sorgen und seinem Habitus ähnelt dieser Professor der islamischen Philosophie durchaus dem Manager einer westlichen Universität. Al-Tayyeb hat an der Sorbonne studiert; auf die Frage, welchen westlichen Philosophen er schätze, antwortet er ohne Zögern: „Sartre. Ich teile nicht seine Schlussfolgerungen, aber ich mag sein Denken."

Der Rektor ist bemüht, jedwede Bedenken zu zerstreuen, die Azhar nähre einen extremistischen Islam. „Ein Azharit", sagt der Rektor, „glaubt nicht an den Kampf der Kulturen, er will nicht die Vernichtung des Anderen." Das Telefon klingelt: eine Einladung in die Vereinigten Staaten, zu einem interreligiösen Dialog. Aber werden Muslime dort nicht bei der Einreise demütigend kontrolliert? „Wenn ich da meine Schuhe ausziehen muss, reise ich sofort zurück."

Mittendrin sind zwei ägyptische Journalisten von einer religiösen Wochenzeitung aufgetaucht; sie fotografieren uns, schreiben das Gespräch mit, unter der Überschrift „Dialog" wird es später in ihrer Zeitung abgedruckt. Dann überreicht der Rektor uns noch gewichtige Azhar-Ehrenteller in Samtschatulle, mit der Aufschrift: „Gott hat euch gelehrt, was ihr vorher nicht gewusst habt." Ein Zitat aus dem Koran.

Einst war die Einheit des Wissens das Ideal der Moschee-Universität. Der Arzt war zugleich Philosoph. Medizin, Astronomie und Mathematik galten als islamische Wissenschaften. Unter osmanischer Herrschaft wurde die Azhar später auf religiöse Fächer und Arabistik reduziert. Vor vier Jahrzehnten, als Jamal Abdel Nasser ägyptischer Präsident war, kehrten Natur- und Humanwissenschaften in modernem Gewand zurück – mit Lehrstoff, Geräten und Forschungserfolgen, die allesamt die Handschrift des Westens trugen. Wie an den säkularen Unis Ägyptens wird Medizin an der Azhar mit englischsprachigen Büchern unterrichtet.

Das Gefühl, dem Westen stets hinterherzuhinken, kann demütigen – zumal in einer Lehranstalt, deren Alter an die einstige Überlegenheit der islamischen Zivilisation erinnert. Die Kritik an der Einführung säkularer Fächer ist deshalb unter den Dozenten nie ganz verstummt: Die Azhar habe dadurch ihr Renommee und ihre Einzigartigkeit verloren, sagen manche. Andere treibt die Sehnsucht, Wissen und Glauben auf moderne Weise zu versöhnen, etwa durch eine „islamische Psychologie". Sie setzt in der Analyse auf klassische Methoden, in der Therapie auf den religiösen Faktor. In der medizinischen Ausbildung wird „islamische Ethik" betont; sie kontert das westliche Negativbild vom blutigen Islam. Der religiöse Arzt sei der bessere Arzt, er sehe im Patienten zuerst den Menschen, nicht den Fall.

Aber seit der Regierungszeit Nassers hat sich noch etwas anderes entscheidend verändert: Die Azhar verlor ihre Autonomie. Nasser wollte eine derart einflussreiche Institution nicht als Staat im Staate dulden, er unterstellte die Universität dem Religionsministerium. Seither wird der Großscheich der Azhar nicht mehr als Primus inter Pares von den Gelehrten gewählt, sondern vom Staatspräsidenten bestimmt. Diese Nähe zum politischen Establishment ist vielen Muslimen ein Dorn im Auge, innerhalb wie außerhalb der Azhar.

Bei den Theologiestudenten hängen an diesem Morgen Transparente aus den Fenstern: Boykottiert Pepsi, Ariel und US-Kartoffelchips! Ein paar Meter entfernt stehen hölzerne Klapptische, wie sie politische Gruppen auf jedem Campus der Welt aufbauen; nur liegen hier bunte religiöse Heftchen und palästinensische Hamas-Poster. Politische Proteste gegen Amerika werden auf dem Campus geduldet, womöglich sogar gefördert. Häufig finden hier Demonstrationen statt; manchmal kommen dazu sogar die Mädchen von ihrem Campus herüber, das wird toleriert.

Aber wie weit darf die Politisierung der Studenten gehen? Wie an den säkularen Universitäten mischt sich der Staat ein in die Wahlen zu den Studentengremien, lässt missliebige Kandidaten nicht zu, beschneidet die politische Freiheit, sobald sie sich als Opposition gegen die Regierung artikuliert. Und unter den Studenten wie unter den Dozenten haben die Muslimbrüder Zulauf, Ägyptens größte Oppositionsbewegung. Einmal verbarrikadierten studentische Muslimbrüder sogar das Tor zur Universität, gegen die Polizei, die mit Helmen, Schilden und Stöcken von der anderen Seite um Einlass kämpfte.

Die Dawa-Fakultät ist das religiöse Herzstück der Universität. *Dawa* heißt „Einladung zum Islam", das Wort solle nicht mit Mission übersetzt werden, betonen die Azhariten. Hier lernen junge Männer zu predigen und den Islam zu erklären, Muslimen wie Nicht-Muslimen. Viele dieser Studenten werden später ins Ausland gehen. Die Minarette der Dawa-Moschee überragen alle anderen Gebäude auf dem Campus, und sie kommunizieren stumm mit einem Monument auf der anderen Straßenseite, gegenüber der Universität: Dort liegt Ägyptens Präsident Sadat begraben. Er wurde 1981 von einem Extremisten erschossen. Der Schauplatz des Attentats hatte nichts mit der Azhar zu tun, er erinnert jetzt nur an das ständige Spannungsverhältnis zwischen Religion und Politik. Sadat hatte sich seine umstrittene Friedenspolitik gegenüber Israel von der Azhar-Führung absegnen lassen.

Die Vorlesung „Islamische Kulturgeschichte" an diesem Vormittag ist gut besucht. Von der Bogendecke des Hörsaal hängen schwere Metalllampen, die Wände sind mit Ornamenten gekachelt, und ein weißbärtiger Professor ruft ins Mikrofon: „Der Westen hat von unserer Kultur von Anfang an profitiert. Parlamente und Wahlen sind keine westlichen Erfindungen, sie sind Teil unserer Kultur. Warum wenden wir sie nicht an?" Beifälliges Gelächter unter den Studenten. Der Professor hat es geschafft, zugleich dem Westen – also uns! – und der demokratiefeindlichen ägyptischen Regierung eins auszuwischen, das gefällt ihnen.

Pause. Jemand führt vor, wie sich die Hörsaalstühle zusammenklappen und in den Boden versenken lassen; so wird aus einem Lernplatz im Handumdrehen ein Gebetsplatz. Dann großes Gedränge im Innenhof; die Studenten bestürmen uns mit Fragen, Aufträgen, Kritik. Was wollt ihr hier, sucht ihr Terroristen? Warum ist der Westen so sehr gegen den Islam? Eine kleine Internationale im Gewühle: ein stämmiger Bosnier mit blondem Vollbart, ein deklamierender Inder, ein frierender Kameruner, der den Kragen seines abgetragenen Popelinmäntelchens gegen Kairos Winterkälte hoch unters Kinn zerrt. Alle eint die Kritik am Westen und an Israel.

Später sitzen wir in einer multinationalen Diskussionsrunde, umringt von den unterschiedlichsten Typen junger Muslime: Ein heimwehkranker Malaie, er ist der Unterrichtssprache Arabisch noch kaum mächtig. Ein indonesischer Doktorand, kerzengerade, eifrig und rechthaberisch. Und mitten drin, wie der Inbegriff der Entspanntheit, ein 27-jähriger Nigerianer. Bei diesem freundlichen Bauernsohn begreift man sofort, warum die Azhariten in vielen Ländern Afrikas und Asiens hohen Respekt genießen. Er hat sich sieben Jahre an einer Azhar-Schule in seinem Heimatland vorbereitet; das Studium in Kairo ist nun eine Ehre für ihn, durch ein Stipendium der Regierung ermöglicht. Nach seiner Rückkehr hofft er auf „ein hohes Amt", zumindest will er Lehrer werden. Der Islam, sagt der Nigerianer, ignoriere Ethnie und Hautfarbe, sei eine Botschaft des Friedens, „eine Religion des Maßes". Ob er vermitteln kann bei den Konflikten zwischen Christen und Muslimen in seiner Heimat? Er hofft es.

Islamische Jugend wie in einer Nussschale. So unterschiedlich die jungen Azhariten sein mögen, so sehr sind alle überzeugt, den „richtigen" Islam zu vertreten. Das ist die *Corporate Identity* dieses Orts, sie prägt alle Gespräche, sie gibt den Azhariten eine Aura der Wahrheitsgewissheit.

Was sind die Kriterien für „richtig"? Die Toleranz gegenüber anderen Religionen, die Friedfertigkeit, die Rolle der Frau? Westlern gegenüber nennen führende Azhariten ihren Islam „moderat", das ist ein verbales Zugeständnis an westlich-säkulare Sprachgewohnheiten und zugleich ein politisches Dementi: Wir sind nicht radikal, wir sind gegen Extremismus und Terrorismus. Nach den Begriffen, wie sie im Westen verwandt werden, sind die Azhariten indes konservativ: Das Glaubensverständnis des Islam zu reformieren, ist ihre Sache nicht; im Zweifelsfall stellt sich die Azhar scharf gegen Reformforderungen, zumal wenn sie von säkularen Intellektuellen erhoben werden.

Zu Besuch in einem Wohnheim der Mädchen. Die Heimleiterin klatscht in die Hände und ruft mit heller Stimme durchs Treppenhaus: „Achtung! Männer da!" Mädchen ohne Kopftuch huschen in ihre Zimmer, Vollverschleierte klappen hastig ihre Gesichtstücher herunter. Normalerweise kommen allenfalls männliche Universitätsbedienstete hierhin; dass mein Kollege das Mädchenheim besuchen darf (wenngleich keines der Schlafzimmer) ist ein Ereignis, das alle Seiten genießen.

Am Tor hatte eine Gruppe Deutsch sprechender Studentinnen auf uns gewartet, begrüßte uns unter großem Gekicher mit Rosen, sie waren einzeln in Plastik gewickelt. Die Mädchen studieren „Islamwissenschaft in Deutsch", das ist seit Mitte der neunziger Jahre ein Fach an der germanistischen Fakultät, auf das die Azhar besonders stolz ist.

Die Sitten im Wohnheim sind streng. Kein Ausgang nach Einbruch der Dunkelheit, nirgends ein Fernseher. „Fernsehen lenkt ab!", ruft eine Studentin. An den Wänden der Flure hängen selbstgemalte religiöse Plakate und Kalligrafien. Aufgelistet „die Eigenschaften eines guten Muslim", die Mädchen drängen sich zu übersetzen: Gebildet! Hilfsbereit! Stark! Ein Poster illustriert die Abfolge der Verneigungen beim Gebet; wenn man es einen Augenblick lang betrachtet, wollen es die Mädchen gleich als Geschenk von der Wand reißen.

Wir machen auch hier eine Gruppendiskussion: Der Andrang ist groß, die Stühle reichen nicht, und die Mädchen reden sich – auf Deutsch! – in Rage, vor allem über das Kopftuchverbot für muslimische Lehrerinnen in Deutschland.

„Wir denken mit unserem Hirn, nicht mit dem Stoff!" Die 22-jährige Omnia ist die lebhafteste Diskutantin – und bis auf den Augenschlitz unter lindgrünem Tuch verborgen. Die radikale Verschleierung wird an der Azhar nicht ermutigt, von manchen Professorinnen sogar „fanatisch" genannt, aber auf dem Campus trotzdem toleriert. In Omnias Fall waren auch die Eltern dagegen; sie beharrte, vielleicht eine Art keusche Rebellion. Ihr Name bedeutet auf Deutsch „Wunsch", sie hat ihre E-Mail-Adresse „wunsch 2010" genannt. Was also, Omnia, ist dein größter Wunsch für das Jahr 2010? Ihre Antwort kommt ohne Zögern unter dem Tuch hervor: „Die ganze Welt soll das richtige Islambild haben. Und richtig heißt: Alle wissen, dass der Islam die Frau hochschätzt." Vokabelsuche, die Mädchen stecken die Köpfe zusammen wie Rugbyspieler: Was ist die Frau im Islam: Schmuckschatulle? Kulturbeutel? Schatzkiste? Ach nein, ein Edelstein!

Der Eindruck von den jungen Azharitinnen wäre unvollständig ohne diese Episode: In all dem verschleierten Gekichere geht eine Beduinin aus dem Sinai auf meinen Kollegen zu und verwirrt ihn durch die Bemerkung, er sehe sehr gut aus.

Bis ins 16. Jahrhundert stand die Moschee-Universität Frauen offen, danach monopolisierten Männer die Azhar – ein Puzzleteil im Gesamtbild eines versteinernden Islam. Seit 1962, seit den Reformen der Nasser-Ära, sind Studentinnen wieder zugelassen; sie können heute alles studieren, vom Ingenieurswesen bis zur islamischen Jurisprudenz.

In den parallelen Studienwelten produziert die Trennung der Geschlechter eine je eigene Sinnlichkeit. Männliche Dozenten nehmen ihre Studenten in den Arm, fahren ihnen zärtlich durchs Haar. Bei den Mädchen vibrieren die Flure wie von Vogelgezwitscher, durchkreuzt von einigen älteren Paradiesvögeln. Zum Beispiel Samya al-Gendy: die 62-jährige Psychologin wirkt wie die *Femme fatale* der Azhar. Nur minimalistisch verschleiert durch ein perlenbesetztes Haarband, das gekrönt wird von einem falscher Dutt. Die Brille extrem schnittig, der Hosenanzug mit Federbesatz, die Bluse knallrot. Selbstverständlich, sagt sie, fühle sie sich der Frauenbewegung zugehörig.

Vor ein paar Jahren hatte die Professorin eine ehrgeizige Idee: Die Azharitinnen müssten zu Agentinnen der Familienplanung werden. Es gelang ihr, die Leitung der Azhar zu überzeugen. Die Studentinnen bekommen jetzt zunächst selbst Aufklärungsunterricht über Pille und Spirale und sollen dann das Wissen als Multiplikatorinnen in ihren Heimatdörfern verbreiten. „Um die konservative Landbevölkerung zu erreichen, ist es wichtig, dass sich die Azhar als religiöse Einrichtung dafür einsetzt", sagt Samya al-Gendy. Auch manche Studentin habe vorher geglaubt, es sei religiös geboten, möglichst viele Kinder zu bekommen. Das Ziel der Kampagne ist nun: nicht mehr als zwei.

Die Geburtenkontrolle ist ein Beispiel, wie lange es an der Azhar dauern kann, den sogenannten „richtigen Islam" zu finden. Die Gefährten des Propheten haben den Coitus interruptus praktiziert, das ist 1400 Jahre später durchaus von Bedeutung: Weil die Sitte in den Hadithen erwähnt ist, den überlieferten Gebräuchen und Aussagen Mohammeds, ist Verhütung aus islamischer Sicht legitim. Gegen diese Auffassung gab es aber bis in die späten neunziger Jahre „jede Menge Widerstand", erinnert sich der Gynäkologe Gamal Serour. Er leitet das „Islamische Zentrum für Bevölkerungsstudien"; in Kooperation mit den Vereinten Nationen propagiert dieses Azhar-Institut heutzutage Familienplanung in der muslimischen Welt.

Lange hörte Serour von seinen Azhar-Kollegen, er mache sich zum Handlanger des Westens, der den Islam durch Geburtenkontrolle schwächen wolle. Er entgegnete: „Vergesst den Westen! Haben wir ein Problem mit Bevölkerungswachstum oder nicht? Anscheinend haben wir eins, und dann sollten wir es mit den Mitteln des islamischen Rechts lösen."

Mittlerweile vertreibt die Azhar von Somalia bis Kasachstan ihre Argumentationshilfe zur Geburtenkontrolle; Serour hat Seminare in einem Dutzend Länder veranstaltet. Die örtlichen muslimischen Führer glaubten oft einer falschen Koraninterpretation, sagt er, zumal wenn sie kein Arabisch können. „Es bedarf viel mehr Aufklärung, was islamische Positionen sind." An einem lässt dieser eloquente, druckreif Englisch sprechende Azharit keinen Zweifel: Verhütungsmittel für Singles sind unislamisch – sie würden außereheliche Beziehungen ermutigen.

Bis heute gibt es einzelne Gelehrte an der Azhar, die nichts gegen die Verstümmelung („Beschneidung") weiblicher Genitalien einzuwenden haben. Allerdings sagen sie das nicht mehr laut. Offiziell ruft die Azhar jetzt zur Ächtung dieser vor allem in Afrika verbreiteten Sitte auf; dass es für sie keinerlei islamische Rechtfertigung gibt, ist auch unter den

Scheichs unumstritten. Aber wieder hat die Azhar als Institution lange gezaudert. Als sie schließlich – auf Initiative der deutschen Menschenrechtsorganisation „Target" – in ihrem Forschungszentrum muslimische Wissenschaftler zu einer Konferenz versammelte, war das ein großer Sprung nach vorne. Um die Qual von Millionen Mädchen tatsächlich zu beenden, müssten die Gelehrten allerdings weitaus mehr rechtgläubige Leidenschaft an den Tag legen.

In Ägypten sind Studien zufolge heutzutage immer noch fünfzig Prozent der Schülerinnen beschnitten – daran lässt sich ermessen, wie schwer es sein wird, einem geplanten Gesetz zur Wirkung zu verhelfen: Es soll die Verstümmelung als Verbrechen ahnden.

Ein Klassenzimmer mit engen Holzbänken und einer Kreidetafel, davor steht ein blinder Lehrer. Konzentriert lauschend wiegt er den Kopf, klatscht dazu rhythmisch in die Hände. Der Student in der ersten Bankreihe versucht den Rhythmus zu halten mit seinem leicht quäkend klingenden Sprechgesang. Noch einmal!, herrscht ihn der Lehrer an. Etwas war unrein, ein minimal falscher Ton, vielleicht ein A eine Nuance zu lang.

Was in diesem Raum geschieht, führt ins Innerste islamischen Glaubens, zur Verehrung des Koran als des ureigenen Wortes Gottes. In diesem kleinen Azhar-Institut wird *Qara'at* gelehrt. Das ist die Wissenschaft, den Koran phonetisch korrekt zu lesen und vorzutragen. Ein umfangreiches Regelwerk legt die Rezitation bis ins kleinste Detail der arabischen Aussprache fest – und das, je nach Zählung, in sieben, 14 oder sogar zwanzig streng durchreglementierten Varianten. Acht Jahre intensives Studium sind nötig, sagt der Institutsdirektor, um es zum wahren Meister zu bringen.

Jede Rezitation des Koran ist eine Erinnerung an die ursprüngliche Offenbarung, ein geheiligter Akt, ein Sakrament, in seinem Stellenwert mit dem christlichen Abendmahl vergleichbar – und nicht mit dem Lesen der Bibel. Zum belehrenden Effekt einer Recherche an dieser Universität gehört, dass man das irgendwann begreift: Der Koran ist für die Muslime, was Jesus für die Christen ist. Darum all der Aufwand, die beflissene Akkuratesse, darum auch das Auswendiglernen.

Es gibt eine Belohnung Gottes für jeden Buchstaben, so glauben es die vier kleinen Mädchen, die sich in einer Gebetsnische der Azhar-Moschee im Schneidersitz niedergelassen haben. Eine Micky-Maus-Handtasche steht in ihrer Mitte, so lernen sie die ersten Suren. Zuerst die Laute, dann der Inhalt – interpretieren lernen Koranschüler erst später. Die Kultur des Auswendiglernens färbt auch die Aneignung säkularen Lehrstoffs. Ein westlicher Gastdozent an der Azhar erzählt, wie überrascht er war, als ihm der ganze Hörsaal das soeben Vorgetragene automatisch nachsprach.

Die Schriftfassung der Offenbarung muss makellos sein: Experten der Azhar prüfen jede neue Druckvorlage einer Koranausgabe. Und sie prüfen nicht etwa mit dem Computer, sondern mit dem geübten Auge, fahren mit dem Zeigefinger über jedes Konsonantenpünktchen und jedes Vokalstrichlein des Arabischen, und wenn ein Pünktchen fehlt, dann kommt dieser Koran nicht unter die Gläubigen.

Etwa 5000 Bücher pro Jahr werden im Forschungszentrum der Azhar überprüft; die Sammelziffer umfasst Koranausgaben ebenso wie Romane, die in den Verdacht der Gotteslästerlichkeit gerieten. Eine seltsame Addition – aus Sicht der Religionshüter wird die Gemeinde jedoch in beiden Fällen vor möglichem Schaden bewahrt.

Scheich Abdel Azim al-Mat'any, 72 Jahre alt, ist der erfahrenste Zensor der Azhar: ein rüstiger Greis mit erstaunlich kräftigem Händedruck. Eigentlich ist er Literaturkritiker. Al-Mat'any legt seinen Krückstock beiseite und spricht über moralische Hygiene. „Mit Büchern ist es wie mit Lebensmitteln. Soll man gesunden Menschen verdorbenes Essen geben? Die meisten jungen Leute sind religiös und gut, aber Vorsorge ist besser als Behandlung." Neulich schickte ihm ein besorgter Vater einen Gedichtband, *Die zehn Gebote der Frauenliebe*. Ob es stimme, fragte der Vater an, dass eine Frau mehr als einen Mann haben könne, wie das Buch empfahl? Vielmännerei – das ist gegen die Familie. Al-Mat'any schrieb ein Gutachten, und wenig später wurde das Buch vom Innenministerium verboten.

Aus Sicht der Azhar betreiben ihre Bücherbegutachter eine Art Verbraucherschutz. Sie dürfen eigentlich nur aktiv werden, wenn ein Bürger auf verdächtige Lektüre hinweist. Doch beschlagnahmten die Gelehrten auch schon ungefragt auf der Kairoer Buchmesse, vergriffen sich einmal gar an 2000 Exemplaren der *Geschichten aus 1001 Nacht*. Vor einigen Jahren lieferte sich eine Massendemonstration von Azhar-Studenten eine Straßenschlacht mit der Polizei – wegen eines Buches, das die Azhariten für blasphemisch hielten. Die Mädchen standen an der Spitze des Protests.

Schriftsteller und säkulare Intellektuelle kritisieren solche Kampagnen als Vergiftung des Klimas und als Ermutigung für Extremisten. Aber Ägyptens Gesellschaft ist mehrheitlich religiös; die Freiheit der Kunst wird hier von vielen anders definiert als im Westen. „Die Kunst ist für die Gesellschaft da, sie soll nicht *l'art pour l'art* sein", sagt Scheich al-Mat'any, der Zensor. „Den religiösen Konsens soll niemand verletzen."

Wer definiert den Konsens? Und ist, was Konsens ist, auch immer „richtiger" Islam? Und wie kann sich das ändern, über die Zeiten? Der Dekan der theologischen Dawa-Fakultät definiert Rechtgläubigkeit so: „Man kann jede Meinung akzeptieren, außer sie verstößt gegen den Koran und die Aussprüche des Propheten."

Auch Nasr Hamid Abu Zaid war einmal ein Azharit. 1995, als er mittlerweile an einer säkularen Universität lehrte, wurde der Ägypter von seiner Frau durch ein Gericht zwangsgeschieden: Wegen seines Abfalls vom Glauben sei er kein Muslim mehr. Der Literaturwissenschaftler mit Schwerpunkt Koranexegese vertritt die Auffassung, dass die Niederschrift des Korans ein Produkt zeitgenössischer Umstände war und dass auch fortan jedes Verständnis des heiligen Buches von historischen und räumlichen Faktoren geprägt ist. Ein Plädoyer für die Relativität religiöser Erkenntnis, das ihm vor allem der staatsnahe Islam übel nahm. Abu Zaid flüchtete mit seiner Frau aus Ägypten; er lehrt heute im niederländischen Leiden.

Wer zur Stunde des Gebetsrufs von einer Anhöhe auf Kairos Altstadt blickt, der glaubt die Töne zu sehen. Hier schleppend, dort eilend werfen sie sich übereinander und gegeneinander, verspotten sich im Echo zwischen den engen Mauern, dampfen schließlich aus Türmchen und Fensterchen erschöpft in den blaugrauen Himmel.

Ein Klangbild für Liebhaber des alten Orients. Dem ägyptischen Religionsminister gefällt die Vielstimmigkeit nicht, er möchte sie bereinigen durch einen zentralen Einheitsgebetsruf. Bisher ist das nicht gelungen, zum Glück.

Vielleicht ist das Klangbild eine Metapher für den weltweiten Islam. Die Azhar wäre darin gerne der Bariton, sonor und unerschütterlich. Aber ihre Stimme trug weiter, als die Welt noch weniger globalisiert war. Darin liegt eine gewisse Ironie der Geschichte: Im Islam haben sich

seit der iranischen Revolution 1979 immer mehr trans-
nationale Einflüsse bemerkbar gemacht; währenddessen
ist die Azhar in den vergangenen Jahrzehnten immer
mehr zu einer nationalen, einer vorrangig ägyptischen Institution geworden.

Termin bei Seiner Eminenz, dem Großscheich! *Sheikh
al-Azhar, the Grand Imam*, der Hüter sunnitischer Rechtgläubigkeit. Ein paar Minuten Fußweg von der alten Moschee entfernt steht leicht erhöht der siebenstöckige Neubau seines Amtssitzes. Er ähnelt einem aufgeklappten
Buch, es blickt gleichsam auf die Welt. Davor ein einsamer
schwarzer Mercedes. Es ist acht Uhr früh, über Kairos Kuppeln liegt milchiger Dunst. *Fadilatikum*, wir üben die arabische Anrede für eine religiöse Autorität, während wir
über einen roten Teppich die Treppe hinaufeilen. Im ersten
Stock ein Schwarm Leibwächter.

Fadilatikum nimmt von unserem Eintreten kaum Notiz.
Dämmerlicht, dunkle Täfelung, schwere Vorhänge halten
den Morgen draußen. Der 79-jährige Mohammed Sayed
Tantawi empfängt in einem zu großen Sesselgeviert, zu seiner Rechten drei Telefone, „bitte Ihre Fragen", er greift nach
einem antiken Folianten, zählt darin etwas ab, anscheinend
langweilen wir ihn. Sein Büroleiter kommt herein, beugt
sich geschmeidig zum Handkuss über den alten Mann
und klopft im nächsten Moment meinem Kollegen aufs
Knie: Beine übereinanderschlagen gehört sich nicht vor Seiner Eminenz!

Ein bizarres Gespräch. Der Großscheich irritiert abwechselnd durch gespielte Ahnungslosigkeit und durch provokante Attacken. Soll Deutschland doch die Todesstrafe
einführen, um Terroristen abzuschrecken! Ha, wollt ihr
nicht? Dann beschwert euch nicht!

Im Westen gilt Tantawi als liberal: Er pflegt den Dialog,

verurteilte früh die Frauenunterdrückung bei den Taliban, nannte die Verstümmelung weiblicher Genitalien schon „unislamisch", als ihm andere Gelehrte darin noch nicht folgen mochten. Und als ihn vor einigen Jahren der damalige französische Innenminister aufsuchte, gab Tantawi ihm – zum Entsetzen der ägyptischen Presse – grünes Licht für das Kopftuchverbot an Frankreichs Schulen: Gesetzestreue sei wichtiger als die Verschleierung. „Wenn einer Muslima das missfällt, soll sie an eine islamische Privatschule gehen", setzt er jetzt nach.

Unter Muslimen ist Tantawi wenig populär, weder auf Kairos Straßen noch bei den Gelehrten der Azhar. Zu nah sei er dem ägyptischen Regime, zu gefügig dem Präsidenten, der ihn berufen hat. Ein „Theologe der Macht" wird er genannt, zu oft lavierend. Die Händler auf dem Basar wärmen sich das Herz an Anekdoten über die Volksnähe einstiger Großscheichs: Einer sei, sobald er einen Anflug von Hochmut verspürte, in die nächste Moschee geeilt, um die Toilette zu putzen.

Viele ältere Ägypter haben die einstige Autonomie der Azhar in wehmütiger Erinnerung. Während des Zweiten Weltkriegs erließ der Großscheich sogar eine Fatwa gegen den ägyptischen König Faruk, weil der in den Kriegseintritt an der Seite der britischen Besatzer eingewilligt hatte. Der König entmachtete den Großscheich, doch der Protest der Straße brachte ihn zurück ins Amt.

Gegenüber den Gläubigen beruht die Autorität eines Großscheichs auch heute ausschließlich auf Respekt. Der Islam hat keinen Papst, kennt keine Hierarchie, prinzipiell kann jeder der Imam, der Vorbeter sein, und jeder darf den Großen Imam kritisieren. Wie an jenem Freitag während des Irakkriegs, als Tantawi oben auf der steilen Kanzel der Moschee predigte; zu zahm war der Menge seine Kritik an den USA, wütende Rufe unterbrachen seine Ansprache: „Sprich die Wahrheit! Du bist der Großscheich!"

Als Tantawi in einer Fatwa palästinensischen Selbstmordattentätern den Märtyrerstatus absprach, erntete er so viel Kritik von seinen Azhar-Kollegen, dass er sich „korrigierte" – so formulieren es fein die Kritiker.

Seit der Fatwa des iranischen Ayatollahs Khomeini gegen den Schriftsteller Salman Rushdie übersetzen viele Nicht-Muslime diesen Begriff irrtümlich mit Todesurteil. Doch eine Fatwa ist schlicht ein Rechtsgutachten, eine religiöse Empfehlung – ihr zu folgen, ist im sunnitischen Islam keine Pflicht. Der Gläubige kann andere Meinungen einholen, bis er eine für sich passende findet – eine überraschend pragmatische Seite des Islam.

Wie seit Jahrhunderten gehen jeden Vormittag Ratsuchende zum Fatwa-Komitee in einem Seitenflügel der Azhar-Moschee; sie suchen Orientierung für die Probleme des Alltags. Durch die offenen Fenster dringt das Stimmengewirr des Basars in den Saal, unter betagten Kronleuchtern sitzen Scheichs auf zerschlissenen Sesseln, vertieft in murmelnde Beratungen.

Eine junge Frau kommt herein, selbstbewusst, modisch gekleidet; sie holt eine schriftliche Fatwa ab, bekommt ein von Hand beschriebenes, leicht zerknittertes Blatt. Der Verlobte hatte sie verlassen, er verlangt nun den geschenkten Goldschmuck zurück. Das aber, so lautet die Fatwa, darf er nicht. Ob ihn das Papier aus der Moschee beeindrucken wird? „O ja", sagt die junge Frau, „das wird ihn sehr beeindrucken." Sie wirkt siegesgewiss, als hätte sie dem Entlaufenen gerade einen schönen Streich gespielt.

Das 85-köpfige Fatwa-Komitee der Azhar ist bisher eine Männerbastion, und Gleiches gilt für den einflussreichen Forschungsrat der Azhar: Über theologische und ethische

Grundsatzfragen entscheiden dort 26 Scheichs, gewählt auf Lebenszeit.

Eine kleine, rundliche Frau, streng verschleiert und mit zahllosen Armreifen behängt, ist gerade dabei, in diese Männerbastion einzubrechen. Souad Saleh, 61, war einst unter den ersten Studentinnen an der Azhar; jetzt genießt die Professorin für islamisches Recht den Ruf des ersten weiblichen Muftis der muslimischen Welt. Häufig tritt sie in den arabischen Satellitenprogrammen auf, beantwortet dort live Fragen aus diversen Ländern.

Wir treffen sie in ihrem karg möblierten Büro auf dem Campus. Am Vorabend hat sie bis um zwei Uhr nachts Fernseh-Fatwas erlassen, nun zeigt sie keine Spur von Müdigkeit. „Der Islam unterscheidet nicht zwischen Kompetenzen für Männer und für Frauen", erklärt sie entschieden. Ihr Mobiltelefon steht kaum still; andauernd geht die Tür auf, jemand kommt herein, will eine Fatwa. Ein Mann sagt: „Ich kenne Sie aus dem Fernsehen", dann breitet er ein bizarres Scheidungsproblem aus.

Überwältigend groß scheint das Bedürfnis nach Orientierung. Für viele Muslime ist Religiosität, auch demonstrativ gelebte Religiosität, wichtiger geworden. Zugleich wird die Zahl der Antworten immer verwirrender. Durch Internet und Satelliten-TV ist ein Fatwa-Wildwuchs entstanden; oft seien die Urheber der Rechtsmeinungen nicht ausreichend qualifiziert, klagt die Professorin Saleh.

Al-Azhar, die Blühende, tut sich schwer, auf diese Herausforderungen zu reagieren. Nur zögerlich gab der Großscheich seine Einwilligung, dass sich Azhar-Gelehrte an einer privat betriebenen, kommerziellen Fatwa-Hotline beteiligen können. Das „Islamische Telefon" funktioniert vollautomatisch und anonym: Der Fragesteller hinterlässt seine Frage auf Band, nach drei Minuten wird er abgeschnitten; der Scheich holt sich die Aufzeichnungen später aus einer Datenbank, für die Antwort hat er vier Minuten. 500 Anrufer am Tag suchen auf diese Weise religiöse Lebenshilfe, mehr als die Hälfte sind Frauen.

Testfrage: „Ich bin eine verheiratete Frau. Darf ich mit anderen Männern chatten?" 24 Stunden später ist unter einer PIN-Nummer die Auskunft erhältlich: „Die verheiratete Muslimin soll sich mit ihrem eigenen Mann zufriedengeben."

Auch Scheich Bayoumi, den wir zu Hause in seinem streng dekorierten Salon besuchen, ist gelegentlich ein Telefon-Scheich. Dann sitzt er nebenan am Schreibtisch seines kleinen Arbeitszimmers, hinter seinem Rücken hängt an der Wand ein Poster, das den gesamten Koran in Miniaturschrift zeigt, und vom Band kommen die Probleme aus einem modernen Alltag ohne Orientierung.

Eigentlich ist Bayoumi der Mann für die gewichtigeren Fatwas. Als Mitglied des Forschungsrats der Azhar befasst er sich gerade mit der Definition von Hirntod. „In vielen ethischen Fragen gibt es keinen prinzipiellen Unterschied zum Westen", sagt der Scheich. Aber Ehe und Familie stehen immer obenan. „Künstliche Befruchtung ist zwischen Eheleuten erlaubt. Aber den Samen des Mannes nach seinem Tod zu verwenden, das ist für Muslime nicht erlaubt. Denn das wäre außerhalb der Ehe."

Der Geschmack der Wahrheit

Syrien: Über religiöse Toleranz im autoritären Staat

In Damaskus ist der Ramadan ausgebrochen – von wegen besinnliches Fasten! Alles rennt und hastet. Einkäufe, Besorgungen, Besuche, der Tag ist kurz, er endet um 17.30 Uhr zum *Iftar*, zum Fastenbrechen, dann will jeder zu Hause sein, und weil jeder den Stau überlisten will, baut sich der Stau schon am Mittag auf. Die Straßen sind gelb von 30 000 Damaszener Taxis. Die Ärmeren stopfen sich in cremefarbene Minibusse, die Fahrer drehen die Koranrezitation auf volle Lautstärke, man hockt wie eine Sardine in einer religiös beschallten Büchse.

In meinem kleinen Hotel sind die Kellner schon am ersten Fastenmorgen demonstrativ müde, geradezu genüsslich erschöpft. Auf der Terrasse schleifen sie die Plastikstühle hinter sich her, bereits zu geschwächt, um etwas tragen zu können. Aber mein Frühstück bringen sie mir dann mit gewohnter Zuvorkommenheit, auch wenn ich der einzige Gast bin, der sich mit Weichkäse, Oliven, Fladenbrot und Aprikosenmarmelade vergnügt. Ein paar Straßen weiter hat der Laden für Whisky und andere harte Sachen wie üblich geöffnet. Ein syrischer Ramadan.

Zufall, dass er an einem Sonntag beginnt. Die griechisch-katholische Muttergotteskirche ist voll besetzt. Am Ausgang brennen schlanke Kerzen in einem Sandbecken. Wer die Kirche verlässt, nimmt eine Kerze, löscht sie im Sand, entzündet sie dann erneut an den Flammen. Ein Ritual, das im Kleinen die Gemeinschaftlichkeit von Glauben unterstreicht, wie im Großen der Ramadan.

Hinter der Sakristei treffe ich Pater Metri in seiner Arbeitsklause. Überall Bücher, die dicksten hat er selbst geschrieben. Pater Metri Haji-Athanasiou hat Theologie in Belgien studiert und Philosophie an der Sorbonne, er besitzt zwei Doktorgrade, spricht sechs Sprachen. Der Priester wurde mir als einer der besten Kenner der Geschichte der syrischen Christen empfohlen; bei ihm soll meine Erkundung beginnen, wie es um Religion und religiöse Toleranz im autoritären Syrien bestellt ist. Ein magerer, konzentriert wirkender Mann; alles an ihm atmet Geist und Glauben. Asketisch die Züge, brennend der Blick, den er über eine Liptons-Teedose mit Lupen und Scheren hinweg auf die Besucherin richtet.

Meine Bitte, das komplizierte Strauchwerk von elf christlichen Konfessionen in Syrien zu erklären, erfüllt er mit der leidenschaftlichen Hingabe des enzyklopädisch Gebildeten. Die zehn dünnen Finger des Priesters stehen erläuternd in der Luft, Jahrhunderte und Konzile sortierend. Links fünf Zweige Orthodoxe, rechts fünf Zweige Katholiken. „Beachten Sie, Madame!", ruft Pater Metri ermahnend und wackelt mit beiden Ringfingern, „hier armenisch-orthodox, dort armenisch-katholisch!" Für die Protestanten bräuchte er einen elften Finger, „aber das sind Ausländer", sagt er wegwerfend, „die kamen erst im 19. Jahrhundert".

Sobald man den Priester zur gegenwärtigen Lage der Christen befragt, überrascht der Mann, der eben noch den Eindruck einer gewissen Weltferne erweckte, durch einen zornigen politischen Ausbruch – gegen den Westen. Es sei nicht alles rosig für die Christen in Syrien, aber die große Bedrohung komme von außen, nicht von innen. „Mit diesem Regime sind wir einigermaßen gut dran. Bashar Assad mag die Christen, er weiß, dass sie ihm treu sind, weil sie von der Stabilität profitieren. Und genau deshalb, weil wir

Stabilität so dringend brauchen, sagen wir dem Westen: Lasst uns in Ruhe!" Und dann fällt der Pater dramatisch ins Französische, in jene Sprache, in der er die ganze westliche Geisteswelt studiert hat: „Laissez-nous tranquilles! Kümmert euch um euch selbst, wir brauchen euch nicht, ihr braucht uns, ihr braucht unser Öl!" Die Angst, nach dem Desaster im Irak könne auch Syrien in einen Abgrund ethnisch-religiöser Destabilisierung gezogen werden, plagt den Priester wie ein ständiger Albtraum.

Seine griechisch-katholische Kirche folgt der orthodoxen Liturgie, und in dieser Liturgie, sagt Pater Metri zum Abschied, verkörpere der Westen das Übel. Bei einer Taufe wende sich der Pate zuerst nach Westen mit der Formel, dem Satan zu widerstehen, dann wende er sich nach Osten, um das Gute, um den Glauben zu empfangen.

In Syrien wird erzählt, dass sich Christen ein besonders dickes Goldkreuz um den Hals hängen, wenn sie in eine westliche Botschaft gehen, um ein Visum zu beantragen. Aber wer sich den Glauben bewahren möchte, sie seien natürliche Verbündete westlicher Politik, sollte besser nicht mit Menschen wie Pater Metri reden.

Nirgendwo sonst im Nahen Osten herrscht zwischen Christen und Muslimen, zwischen Sunniten und Schiiten so viel Frieden wie in Syrien. Ein Land wie ein religiöses Mosaik mit verwirrend vielen Steinchen, mit fünf Sorten Muslimen und elf Sorten Christen, und dazu mehr als ein Dutzend nationaler Minderheiten.

Nackte Zahlen über die 18 Millionen Syrer vermitteln von den komplexen Verhältnissen nur ein ungefähres Bild: Siebzig Prozent sind Sunniten, etwa 16 Prozent Schiiten, zehn Prozent Christen. Aber Syrien ist geprägt von seinen Minderheiten. Das gilt zunächst für die Christen: Um 1930 stellten sie noch fast vierzig Prozent der Einwohner; seitdem sank ihr Anteil kontinuierlich, vor allem weil die Muslime mehr Kinder bekamen. Es war auch ein Christ, der 1943, beeindruckt von Atatürk und von Lenin, die säkularsozialistische Partei der „Arabischen Wiedergeburt" (Baath) gründete; sie kontrolliert das Land nun schon seit mehr als vier Jahrzehnten. Und an den Schalthebeln der Kontrolle sitzt wiederum eine Minderheit: Die Familie Assad gehört zu den Alawiten, einer Strömung am Rande des schiitischen Islam, die lange als ketzerisch verfolgt wurde.

Wer in einem so fragil konstruierten System lebt, muss den religiösen Fanatismus fürchten. Wie groß das Interesse der Syrer an Stabilität ist, das wird häufig übersehen.

Bassel Kasnasrallah ist ein unauffälliger Mann. Dunkelblauer Anzug, getönte Brille, kleiner Siegelring, polierte Fingernägel. Niemand schaut sich auf den Straßen von Damaskus nach so jemandem um, und das ist ihm ganz recht. Er wirkt lieber hinter den Kulissen.

Bassel Kasnasrallah ist der christliche Berater des Großmuftis. Der Titel hat etwas Verstaubt-Märchenhaftes, scheint nicht in unsere Zeit zu passen, in die Zeit von Hass und Intoleranz. An diesem Tag hat der Mann im blauen Anzug schon fünf Botschaften abgeklappert, vertraulich dies und jenes besprochen und nebenbei ein Interview des Großmufti mit dem Vatikan-Radio arrangiert. Der Großmufti ist der oberste muslimische Rechtsgelehrte Syriens; seine Kooperation mit diesem Christen ist also in etwa so, als hätte Kardinal Lehmann einen muslimischen Berater und ließe sich von ihm seine Auftritte im saudischen Fernsehen vorbereiten.

Bassel Kasnasrallah ist im Brotberuf Ingenieur, aber lieber konstruiert er Brücken zwischen den Religionen. Auf die Frage, woher diese Leidenschaft rühre, antwortet er mit einer Kindheitserinnerung aus Aleppo. Die Kinder im Vier-

tel hätten von den Nachbarn zu allen Feiertagen Geld bekommen, zu den christlichen wie den islamischen. „Freude
war keine Frage der Konfession."

Die Geschichte vom Mann im blauen Anzug wäre unvollständig ohne dieses Detail: „Christlicher Berater", so
nennen ihn nur Eingeweihte. Auf seiner Visitenkarte gehen
die Worte auf Zehenspitzen: Berater für islamisch-christli-
che Beziehungen. Denn in Syrien redet man über konfessionelle Zugehörigkeit nur hinter vorgehaltener Hand. So
frei die Religion, so unfrei die Meinung – Toleranz und Diktatur sind hier eine eigenartige und vielleicht einzigartige
Ehe eingegangen.

Religiöse Toleranz kann dauerhaft kaum verordnet werden, auch nicht durch eine Diktatur. Aber Toleranz kann
pragmatisch sein und Friedfertigkeit vernünftig, auch ohne
die Diskurse, die wir zu solchen Fragen gern pflegen.

Die Syrer sind nicht von der Welt abgeschnitten, selbst auf
den tristen Wohnblocks der Armen stehen Satellitenschüsseln in dichtem Feld. Viele wissen, dass ihr Land in den westlichen Nachrichten ein Synonym für Konfrontation und Un-
frieden geworden ist. Eine No-go-Area, vor deren berühmten
römischen Ruinen nur noch gelegentlich ein Häuflein Touristen anzutreffen ist. Vor allem die gebildeten Syrer zeigen,
wie sehr sie die kollektive Verdammung kränkt. „Wir sind
hier im Zentrum der alten Welt", sagt ein Archäologe vor-
wurfsvoll. „Wissen Sie, wie es ist, wenn Sie plötzlich auf der
Achse des Bösen leben?" In Damaskus, das sich auf sechs
Jahrtausende Siedlungsgeschichte beruft, wird ein sechs
Jahrzehnte altes Wohnviertel „neu" genannt. 25 Zivilisatio-
nen haben ihre Spuren in Syriens Erde hinterlassen, an
3000 Stätten wird derzeit gegraben. Syrische Gesprächspart-
ner werden nicht müde, solche Zahlen zu nennen – als be-
dürfte es ständiger Beweise, dass sie ein Kulturvolk sind.

Aber da ist noch etwas anderes. Dieses Senken der Stimme, wenn über interreligiöse Beziehungen gesprochen wird. Es gilt als unschicklich, jemanden gerade heraus zu fragen, welcher Konfession er angehöre. Das lernt man im Land als Zweites: Alle sind Syrer. Punkt. In den staatlich kontrollierten Medien sind die konfessionellen Beziehungen Tabu. Wer es verletzt, kommt schnell mit Gesetzen in Konflikt. Einen einheimischen Begleiter brachte ich in arge Verlegenheit, als ich in einem Bus arglos ein Gespräch über Konfessionelles begann. Man wisse doch nie, wer noch Englisch spricht! In diesem säkularen Land gibt es viel Toleranz für die Ausübung von Religion, aber nicht für das Reden über religiöse Sensibilitäten. Als würde Meinungsfreiheit auf diesem Gebiet automatisch zu Spaltung und Zerfall der Nation führen.

Das macht Syriens besonderen Charakter aus: Religionsfreiheit ist nicht eingebettet in bürgerliche Freiheiten; der Staat macht es leichter, eine Kirche zu bauen, als eine Bürgerinitiative zu gründen. Seit mehr als vier Jahrzehnten strangulieren Notstandsgesetze die politische Kultur; oppositionelle Parteien sind verboten, Bücher unterliegen der Zensur, die Geheimdienste sind gefürchtet, und in Gefängnissen wird immer noch gefoltert. Dennoch wirkt Syrien nicht auf Schritt und Tritt wie eine Diktatur, eher wie eine Mischung verschiedener Systeme, Zeiten und Kulturen. Ein bisschen DDR, ein wenig alter Orient, eine Prise Kuba. Die säkularen Lebensgewohnheiten lassen vieles offener, zugänglicher erscheinen als in anderen islamischen Ländern.

Wo sich Toleranz und Unterdrückung derart in Schichten übereinanderschieben, fällt ein klares Urteil nicht leicht. Zumal eine westliche Besucherin wie eine Projektionswand wirkt: für den gekränkten Stolz, für Vorhaltungen über westliche Einäugigkeit und dann für heftiges Werben um

Freundschaft. Ständig hatte ich neue Begleiter, wurde eingeladen, verbrachte mit Tee und klebrigen Süßigkeiten Stunden auf armenischen, kurdischen, sunnitischen, katholischen Sofas.

In manchen Ländern des Nahen Ostens lassen sich Menschen nicht gerne fotografieren. Oder sie bauen sich zu Gruppenbildern auf. Anders in Syrien: Viele zeigen selbstbewusst ihr Gesicht, ihre Individualität, manche genießen es sogar, sich in Posen zu werfen. Als wollten sie sagen: Seht her, das ist Syrien, ich bin Syrien! Aber Vorsicht, sobald Politik ins Spiel kommt. Wer über Politik spricht oder über Religion, scheut das Bild: Bloß nicht auffallen.

Die Altstadt von Damaskus an einem Freitagmittag. Im christlichen Teil stehen kleine, alte Moscheen eng neben den Kirchen; hier gab es nie eine völlige Segregation. An den Mauern der Häuser kleben frische Todesanzeigen, mit Kreuz und Foto, manche mit der bogenreichen armenischen Schrift. Ein altes Mütterchen bleibt bei jeder Anzeige stehen und bekreuzigt sich. Gesang weht herüber, er kommt aus dem Beit as-Salam, dem syrisch-katholischen Friedenshaus, die Singenden sind geistig behindert, sitzen um einen Tisch im Hof. Die Mitarbeiter winken freundlich herein – und werden einsilbig, als ich mich als Journalistin vorstelle.

Die St.-Paulus-Kapelle ist voller schwarz gekleideter Frauen, es ist Wochenmesse für eine Verstorbene. Die Männer stehen draußen an der offenen Kirchentür, die Hände auf dem Rücken verschränkt. Wo sie stehen, legt sich über den Gesang der Frauen schon der Gebetsruf aus der nahen Moschee.

Nicht weit von der griechisch-orthodoxen Kathedrale färbt sich die Altstadt eindeutig islamisch. Gelbe Hisbollah-Fähnchen flattern quer über die Straße, die Porträts von Hassan

Nasrallah, dem Führer der schiitisch-libanesischen Miliz, begleiten fortan den Weg, als wäre er ein Schutzheiliger. Nasrallah neben Babybildern im Fotoladen, Nasrallah in der Videothek. Ein Obsthändler hat neben den Hisbollah-Scheich und die Assads ein Bild von sich selbst gehängt und eines von seinem verstorbenen Sohn, mit Trauerflor. Vereint schauen sie auf die Apfelkisten hinunter, wie eine Familie.

In der Omayadenmoschee hat das Freitagsgebet schon begonnen; trotzdem bleibt die Tür für Nicht-Muslime offen, das entspricht der Tradition dieses Orts. Johannes der Täufer, der drinnen begraben sein soll, wird von den Muslimen als Prophet Yahia verehrt. Die wichtigsten syrischen Islamgelehrten betonen die Gleichwertigkeit der monotheistischen Religionen. Die gelöste Atmosphäre in der Moschee scheint diese friedfertige Geisteshaltung zu spiegeln. Viele Frauen, viele Kinder. Im Hof beten Jugendliche, Jungen und Mädchen in einer Reihe. Nach dem Gebet spielen zwei Halbwüchsige Moschee-Eishockey: Sie schleudern den Wagenschüssel des Vaters weit über den spiegelglatten Marmorhof, schlittern dann auf Socken hinterher, einige Schlafende hart umkurvend.

Feine Trennungslinien ziehen sich durch die syrische Gesellschaft. Es gibt Clubs und Schwimmbäder für Christen und für Muslime, das ist nicht offiziell, und alle hüten sich, es offiziell zu machen: pragmatische, typisch syrische Lösungen. Wohngebiete sind oft entweder mehrheitlich christlich oder mehrheitlich muslimisch. Über die Christen in Aleppo sagt Bassel Kasnasrallah, der Mufti-Berater: „Wir leben gerne in Blocks zusammen, wir bevorzugen eine Art Ghetto, nicht aus religiösen Gründen, sondern aus sozialen." Bei Christen sei krasse Armut seltener als bei Muslimen, weil in der Minderheit die karitativen Netzwerke funktionierten. „Es gibt keine christlichen Schuhputzer oder Bettler, und falls sich doch einer auf die Straße setzt, interveniert die Kirche sofort." Natürlich könne das bei Muslimen Neid entfachen.

In einem autoritären Staat können religiöse Gemeinsamkeiten auch ein ganz säkulares Instrument sein: um den Zirkel des Vertrauens eng zu halten. Die armenischen Christen zum Beispiel halten neunzig Jahre nach ihrer Vertreibung aus der Türkei ihre Sprache und Kultur weiterhin hoch; das schafft ihnen einen geschützten Raum. In den ärmeren muslimischen Schichten gilt wiederum die äußerliche Betonung von Frömmigkeit – bei den Frauen Tuch und langer Mantel – auch als Zeichen des Protests gegen die Korruption und den Lebenswandel in der Oberklasse.

Die Regierung führt mit Absicht keine Statistik über religiöse Zugehörigkeit. Manche konfessionellen Ortsbezeichnungen wurden sogar in jüngerer Zeit neutralisiert. Aber zugleich ist es für viele Syrer wichtiger geworden, ihre Religion zu zeigen. Und in den Stolz auf die interreligiöse Harmonie ist nun die Sorge eingewebt, die Harmonie könne gefährdet sein.

„Es war eine schlechte Saison für Gebisse", sagt Hassan. Im Leben des Zahntechnikers schlägt sich die Konjunktur von Krieg und Krise im Nahen Osten als Auf und Ab in seinen Auftragsbüchern nieder. Gerade fehlen ihm saudische Gebisse; die richtig reichen Saudis verbringen den Sommer gern im Libanon, die Zweitreichsten kommen nach Syrien, dort gibt es Mädchen und Zähne zu günstigen Konditionen.

Hassan hat schon von Berufs wegen ein Bedürfnis nach Frieden und Normalität, nach einem Leben, wo es sich lohnt, die Zähne richten zu lassen. Sein Labor empfängt mit einer schicken Rezeption, er hat das Design selbst entworfen, die Tür zur Werkstatt öffnet sich mithilfe einer gläsernen Zahnwurzel. Dahinter junge Angestellte, Muslime wie Christen, die Stimmung ist locker. Hassan ist 37, Hemd, Hose, Schuhe entsprechen dem neuesten Schnitt, der silberfarbene Peugeot ist nachgerüstet für bescheidene Rennen am Wochenende, und der kleine Sohn hatte gerade seinen ersten Tag in der Vorschule.

Hassan, ein Sunnit, der es in die obere Mittelschicht geschafft hat, ist äußerlich modern und innerlich traditionell, so sieht er es selbst. Und damit verkörpert er einen Grundzug seines Landes: In der Hülle säkular-sozialistischer Prägung ist der Sittenkodex der orientalischen Familie eine mächtige Kraft geblieben.

Mit der Suche nach einer Braut beauftragte Hassan seine Mutter; zwei Jahre lang checkte sie Mädchen für ihn. Am Ende wäre der ganze Aufwand nicht nötig gewesen, denn Hassan heiratete die Schwester seines besten Freundes. Sie war perfekt: schön, gebildet, religiös und jünger als er. Zwei Jahre lang hatte er sich gesträubt, sie probeweise zu treffen: „Ich hatte zu viel Angst, dass sie mir nicht gefallen könnte. Denn damit hätte ich meinen Freund und die ganze Familie beleidigt." Bevor die Brautsuche begann, war Hassan mit einer Alawitin befreundet. „Ich konnte sie nicht heiraten, unsere Familien waren zu weit auseinander. Ich wäre ins Nichts gefallen, in ein schwarzes Loch."

Syrien, mehrheitlich sunnitisch, wird seit 38 Jahren von alawitischen Präsidenten regiert. Aber Hassan, dem Zahntechniker, schien es unmöglich, die Brücke zwischen einer sunnitischen und einer alawitischen Familie zu bauen.

An Auskünfte über die Alawiten muss man sich vorsichtig heranpirschen. Bei diesem Thema leuchten überall in Syrien rote Warnleuchten auf: Vorsicht! Viele einflussreiche Männer in der Armee und im Sicherheitsapparat sind Alawiten. Aber Aufklärung ist allein schon deshalb wichtig, weil im Westen viele irrtümlich annehmen, die Allianz zwischen dem syrischen und dem iranischen Regime sei ein Bündnis schiitischer Glaubensbrüder. Doch nicht Religion, sondern reine Machtpolitik brachte 1980 den damaligen Präsidenten Hafez Assad und den iranischen Ayatollah Khomeini zusammen: Der erste Golfkrieg hatte gerade begonnen, ihr gemeinsamer Feind war Saddam Hussein im Irak. Beide handelten völlig konträr zu ihren jeweiligen Ideologien, und nicht viel anders ist es heute.

Die Alawiten sind vor mehr als tausend Jahren als ein Zweig der Schiiten entstanden, aber ihre Glaubensinhalte haben sich wie die der Drusen extrem weit vom ursprünglichen Stamm entfernt. Ihr Name leitet sich ab von Ali, dem Schwiegersohn des Propheten Mohammed; dass die Alawiten Ali mehr verehren als den Überbringer des Koran, ist für einen orthodoxen Muslim schon schlimm genug. Außerdem finden sie es nicht nötig, fünfmal täglich zu beten oder überhaupt eine Moschee aufzusuchen; dem ritualisierten Fasten gewinnen sie nichts ab, manche begehen dafür Weihnachten, aus Respekt für Jesus.

Als Ketzer verfolgt, haben sich die Alawiten einst in die Berge geflüchtet. Um ihre Rolle in Syrien besser zu verstehen, folge ich der Spur, nehme einen Bus nach Norden, ins alawitische Bergland.

An der Busstation herrscht die obligate Mischung aus dem Kontrollwahn des Staates und der Freundlichkeit seiner Bürger: Name, Herkunft, Passnummer, Vatersname, Muttersname, alles wird von Hand in kafkaeske Listen eingetragen, mehrfach der Ausweis geprüft: Die Bürokratie verlangt ihren Tribut, während etliche Helfer sich meiner Tasche bemächtigen und den Listenschreiber zur Eile drängen.

Vom Bus aus sind später am Horizont die Burgen der

Kreuzfahrer zu sehen, sie stehen auf den Bergkuppen mit der besten Aussicht. Syrien ist auf Schritt und Tritt ein Geschichtsbuch; kein Schulkind hält hier „Kreuzfahrer" für ein Computerspiel.

Es muss um die Zeit der Kreuzzüge gewesen sein, als sich die Alawiten in die Berge flüchteten. Ihr kollektives Gedächtnis hat seit damals eine historische Lehre bewahrt: Minderheiten, die am Rande ihrer Religionen stehen, müssen die großen *clashes*, die Kulturkämpfe, am meisten fürchten; sie zahlen den Preis, wenn die Mehrheiten fanatisch werden. Heutzutage, vor der Drohkulisse sunnitisch-schiitischer Kämpfe anderswo, flüstern einzelne düstere Stimmen, es sei für die Alawiten an der Zeit, zurück in die Berge zu gehen.

Während der osmanischen Besatzung nahmen die Alawiten in den Dörfern zur Tarnung die Gewohnheiten ihrer christlichen Nachbarn an: Die Christen standen unter dem Schutz der osmanischen Sunniten; dem ketzerischen Muslim drohte hingegen der Tod. So entstand die eigentümliche Alawiten-Kultur; sie ist zugleich säkular, mystisch und konspirativ.

Eine vierspurig ausgebaute Straße führt hinauf nach Qardaha, zum Geburtsort von Hafez Assad, dem verstorbenen Vater des jetzigen Präsidenten. Die breite Piste wirkt wie eine Metapher für den Aufstieg einer Minderheit zur Macht. Wie alle Alawitendörfer lebte Qardaha vor dem Regierungsantritt Assads in bitterer Armut. Quer über die Straße prangt der Hinweis auf das Grab des ewigen, des „unsterblichen Führers"; dreißig Jahre war er an der Macht. Ein riesiges weißes Mausoleum. Allerdings hat es Pathos nur durch Größe; das Innere ist überraschend schlicht. Weihrauchgetränkte Stille; durch ein Dachfenster fällt schwermütig gebrochenes Licht.

Am Ausgang schenkt ein Aufpasser ein winziges Tässchen Kardamomkaffee ein, zur Stärkung nach der Trauer. Der Führerkult, den Hafez Assad zu Lebzeiten dem Land aufdrückte, hat sich unter seinem Sohn in einer Light-Version popularisiert. Von vielen Heckscheiben blinkt Bashar als silberne Silhouette, ein Führerporträt wie von Andy Warhol.

Aus dem Bergland sind es 15 Kilometer bis hinunter zur Mittelmeerküste. Dort liegt Lattakia, die freizügigste Stadt Syriens. Diesen Ruf hat sie durch die Alawitinnen. Sie kleiden sich auffallend sexy, mit tiefen Dekolletees, sogar mit Miniröcken. Daneben gehen Sunnitinnen, meist verschleiert.

Am Abend habe ich eine Verabredung mit alawitischen Intellektuellen. Wir treffen uns in einem Fischrestaurant; es wird zumindest halb offen gesprochen. Warum also haben so viele Alawiten hohe Posten in der Armee? Die Bevorzugung, so wird mir erklärt, geht schon auf die französische Mandatszeit zurück; nach dem bewährten Kolonialprinzip „Teile und herrsche" protegierten die Franzosen die Minderheit, schnitten für sie sogar eine autonome Provinz zurecht. In den fünfziger Jahren drängten dann viele Alawiten in die Baath-Partei; deren Säkularismus war auch für andere Minderheiten attraktiver als für die Sunniten. Im Laufe der Jahre wurden daraus konfessionelle Seilschaften; sie hievten Leute des eigenen Vertrauens auf wichtige Posten.

Die Alawiten als herrschende Minorität zu bezeichnen, das sei zugleich richtig und falsch, erklärt ein Professor. „Viele politische Häftlinge sind auch Alawiten. Die Regierung protegiert uns nicht als religiöse Sekte. Es geht allein um Macht." Der Professor vertritt eine Menschenrechtsgruppe, verbrachte selbst vier Jahre im Gefängnis. Er wehrt sich dagegen, wenn im Westen von „Assads Syrien" gesprochen wird. „Das ist nicht fair! Die Gesellschaft ist gut und großzügig, sie ist nicht so schlecht wie unser Regime."

Wir sitzen am Meer, Katzen balgen sich um die Fischreste, zum Arrak kommt Eiswasser, es werden Alawiten-Witze erzählt. Oft handeln sie von der Liebe zum Arrak: Die Alawiten verstehen das Alkoholverbot wie andere Gebote nicht absolut, sie berufen sich auf die liberalen frühen Kapitel des Koran. Von unserem Tisch fällt der Blick auf eine grün angestrahlte kleine Moschee, es ist die Grabmoschee eines sunnitischen Heiligen, der auch von den Alawiten verehrt wird. Einmal im Jahr kommen die Alawiten, dann räumen die Sunniten für 24 Stunden die Moschee. Wieder eine pragmatische, syrische Lösung.

Bei solchen Gesprächen kann man für einen Moment vergessen, dass über dem Thema „Religion und Politik" in Syrien immer noch ein großer schwarzer Schatten liegt. Es ist der Schatten des Jahres 1982, der Schatten des Massakers von Hama. Die Stadt war damals eine Hochburg der Muslimbrüder; sie begannen einen mörderischen Aufstand gegen das Regime, die Regierung antwortete mit einer militärischen Belagerung, ließ die Altstadt tagelang bombardieren. 30 000 Menschen starben, mehr als 10 000 wurden in Gefängnisse verschleppt, aus denen viele nie wiederkehrten. Massaker, das ist ein Wort aus westlicher, aus menschenrechtlicher Perspektive. Die offizielle syrische Position ist: Wir führten Krieg gegen der Terror, lange vor den Amerikanern.

Der frontale Zusammenstoß zwischen den sunnitischen Islamisten und der Regierung brachte damals die religiösen Minderheiten dazu, ihr Heil unter dem Schutzschirm des Regimes zu suchen – allen voran die Alawiten. Und auch heute, ein Vierteljahrhundert später, wollen die Machthaber in Damaskus gern glauben machen, es gebe nur diese Alternative: Diktatur oder religiöser Fanatismus. Aber die Muslimbrüder von heute sind nicht mehr die von Hama: Ihre

Führung im Londoner Exil hat den Verzicht auf Gewalt erklärt, sucht das Bündnis mit demokratischen Oppositionellen. Eine freie Wahl würden die Muslimbrüder gewinnen, sagen viele Syrer. Oder ist diese Annahme nur wieder ein Produkt der Angstpropaganda von oben? Nichts ist leicht durchschaubar in diesem Land.

Von der Stadt Qamishle aus, an Syriens Nordgrenze, ist das erste türkische Minarett zu sehen, und hinter den letzten syrischen Häusern stehen bereits türkische Bäume. Ganz falsch!, sagen die Kurden von Qamishle: Es sind kurdische Bäume hinter kurdischen Häusern.

Nationalismus und Freiheitsdrang überlagern in der Grenzregion alles andere. Kaum Kopftücher; die jungen Kurdinnen und Kurden geben sich betont säkular und westlich, und sie setzen auch politisch auf den Westen. Ein Uhrenhändler zeigt mir in seinem Mobiltelefon die Vorwahlnummern von Freunden und Geschwistern: Schweden, Holland, Deutschland. Berlin! – halb Qamishle scheint in Berlin zu sein. Konspiratives Aufklappen der Brieftasche: Neben den Kinderbildern eine Landkarte vom Traumstaat Kurdistan. Und die Batterie, die ich bei dem Mann eigentlich kaufen wollte, will er sich auf gar keinen Fall bezahlen lassen. „Ein Araber würde das Geld nehmen", sagt er verächtlich, „ein Kurde tut das nicht."

Am größten Boulevard steht eine Statue von Hafez Assad; er streckt die Hand aus in einer Geste herrischer Väterlichkeit. Für die 27-jährige Narin ist dies eine leere, verlogene Geste, sie hat keine syrische Staatsangehörigkeit. Dieses Schicksal teilen etwa 150 000 Kurden. Narins Großeltern hatten noch Papiere, aber sie wurden ihnen bei einer Volkszählung 1961 weggenommen mit der Begründung, sie seien keine Araber, und dies sei die „Syrische Arabische Republik".

Wir unterhalten uns im Nebenraum eines Geschäfts, alles Kurdische ist hier klandestin, jeden Hinweis auf die Art des Ladens bittet der Besitzer zu unterlassen. Als ein Soldat zum Einkaufen hereinkommt, schaltet Narin sofort um auf Belangloses. Sie hat Abitur, wirkt aufgeweckt und talentiert, aber ohne Papiere ist ihr Leben blockiert: „Ich kann nicht studieren, ich bekomme keinen Job vom Staat, ich kann auch kein Geschäft eröffnen, nicht einmal in einem Hotel übernachten." Und sie will nicht heiraten, keine Kinder bekommen, damit es denen nicht genauso ergeht. Manchmal schreibt sie politische Gedichte für eine kurdische Website; obwohl sie unter falschem Namen schreibt, kam der Geheimdienst und verwarnte sie. An den Schulen ist Kurdisch ohnehin verboten. „Das Ausland muss uns helfen", sagt Narin. „Alle hier hoffen, dass Europa Druck macht."

Später, im Wohnzimmer einer Familie. Die betagte Mutter sitzt im dünnen blütenweißen Kopftuch der traditionellen Kurdinnen vor dem Fernseher. Der kurdische Satellitensender aus dem Nordirak zeigt eine alte Frau, auch sie im weißen Kopftuch, sie spricht als Zeugin der Giftgasangriffe auf kurdische Dörfer in der Zeit von Saddam Hussein. Für die Mutter im Wohnzimmer gibt es keinen Zweifel, dass der Krieg der Amerikaner im Irak richtig war. „Sonst wäre doch Saddam heute noch an der Macht. Und wie haben die Kurden unter ihm gelitten!" Der abwehrende Ausruf „Laissez-nous tranquilles! Lasst uns in Ruhe!" von Pater Metri in Damaskus scheint in diesem kurdischen Wohnzimmer wie aus einer anderen Welt. Mischt euch ein!, sagen die Kurden von Qamishle.

Am nächsten Morgen nehme ich früh den Bus für die Weiterfahrt nach Süden, durch die Wüstensteppe. Ich will in einem großen Bogen nach Damaskus zurückkehren, auf dieser Tour durch Syriens religiöse, ethnische und politische Vielfalt. Nach dem alawitischen Bergland, der Mittelmeerkultur und den Kurden im Norden nun also das dürre, heiße Land entlang der Grenze zum Irak. Flache Lehmbauten, einzelne Sonnenblumenfelder, eine Schafherde. Beduininnen in bauschigen, bunt gemusterten Gewändern; ihre Männer haben sich den Kopf umwickelt bis auf einen Augenschlitz. Vor einem Steinofen wirbelt eine verhüllte Gestalt den Brotteig durch die Luft: War es ein Mann, eine Frau? Ab und an ein größeres Gebäude: die Schule. Aus der beige-braunen Umgebung stechen die leuchtend blauen Schuluniformen der Kinder hervor wie Kornblumen.

Mein Bus folgt einer historischen Route: Durch die Hitze und Dürre da draußen schleppten sich im Jahr 1915 Hunderttausende Armenier auf ihren Todesmärschen. Türkische Schergen trieben sie in das dünn besiedelte Gebiet zwischen den Flüssen Euphrat und Khabur; die Deportierten kamen unter anderem aus der anatolischen Stadt Diyarbakir, von deren kurdischer Gegenwart an anderer Stelle in diesem Buch erzählt wird. Damals beheimatete Diyarbakir eine große armenische Gemeinde. Man muss sich, wenn man durch Syrien fährt, an diese Tragödie erinnern, auch weil sie auf einen oft übersehenen Charakterzug der Syrer verweist: ihre Großherzigkeit gegenüber Flüchtlingen. Viele Beduinen haben damals armenische Frauen und Kinder aufgenommen, Tausende Kinder wurden gerettet, indem sie Unterschlupf bei arabischen Familien fanden. Ein Armenier, dem die Flucht gelang, wurde von Beduinen nicht verraten – trachteten sie doch im Osmanischen Reich selbst danach, sich staatlicher Kontrolle zu entziehen.

Die armenischen Gemeinden in Syrien bemühen sich heutzutage, die Erinnerung an dieses Stück armenisch-arabischer Geschichte wiederzubeleben; nebenbei ist es auch christlich-muslimische Geschichte.

Der Bus erreicht die Stadt Deir az-Zour am Euphrat, damals Endpunkt der Vertreibungs- und Todesmärsche. Im Zentrum fällt eine wuchtige, neue Sandsteinfassade auf, dahinter die „Heilige Kirche der armenischen Märtyrer". Eine Gedenkstätte, gestiftet von syrischen Armeniern; die Einrichtung ist privat, gleichwohl staatsnah, obwohl die Regierung das Wort Genozid aus Rücksicht auf die Türkei nicht benutzt. Im Keller unter der Kapelle liegen Gebeine unter Glas. In beschrifteten Karaffen ruht türkische Erde, die einst armenische Heimat war. An den Wänden furchtbare Fotos. Es ist still, kein Besucher außer mir.

Der armenische Hausmeister zieht mich, froh über die Abwechslung, in sein Wohnzimmer; er spricht Armenisch, Arabisch, Kurdisch, die drei Sprachen der Region, alle aufgeladen mit so viel Geschichte. Seine Frau bringt Kaffee und ein spätes Frühstück, dann muss ich Fragen über Deutschland beantworteten: Gibt es dort Beduinen? Dürfen Christen während des Ramadan auf der Straße essen? Und gibt es wirklich Sozialgeld für alle?

Von Deir az-Zour ist der Irak nur zwei Fahrtstunden entfernt. Auf den Straßen im Zentrum sind kaum Frauen zu sehen. Ist dies dasselbe Land, in dem an der Küste, in Lattakia, die Mädchen in Miniröcken flanierten? Nichts Levantinisches liegt hier in der trockenen Luft.

Zurück in Damaskus. Eine Stunde vor Iftar, vor dem Fastenbrechen, ist der große Gebetssaal der Omayadenmoschee schon voll. Ein Meer von Köpfen. Ein Scheich predigt, in seiner Nähe sitzen die Frommeren mit weißen Käppchen, weiter weg sitzen die Hungrigen; sie sind gekommen, weil es gleich ein kostenloses Essen gibt im Hof. Noch ist der Hof geschlossen, auf seinem Marmorboden werden schon die Portionen in Reih und Glied ausgelegt, etwas Abgepacktes und zwei Äpfel für jeden. Es sieht aus wie eine studentische Mensa auf dem Boden.

Eine Stunde später sehen die Gäste im Restaurant „Jasminhaus" dieselbe Szene auf einem Flachbildschirm. Hier warten die Besserverdienenden auf das Startzeichen zum Essen. Hassan, der Zahntechniker, hat mich hergebracht; wir sitzen im Innenhof eines restaurierten Damaszener Hauses, ein perfektes orientalisches Ensemble mit Zitronenbaum, Wasserspiel und Buntglasfenstern. Alle warten. Der Tisch vor uns schon beladen mit Köstlichkeiten, auf allen Tischen die gleichen: das Iftar-Menü. Nur in einer Ecke trinken zwei junge Frauen unbekümmert Kaffee und rauchen; das „Jasminhaus" liegt im christlichen Teil der Altstadt.

Jetzt taucht auf dem Flachbildschirm eine Runde honoriger Herren mit rotem Fez auf. Sie stehen im Hof der Omayadenmoschee vor der Kulisse der Hungrigen. Niemand weiß, warum sie den Fez tragen, es ist pure Folklore, aber jeder weiß, wenn die Fez-Herren kommen, dann läuft der Countdown, dann sind es nur noch Sekunden bis Iftar. Und wenn sie dann auf eine ganz besondere melodiöse Weise „Allahu Akbar" intonieren, dann greift ganz Damaskus zum Glas. Wir greifen zum Minze-Limonen-Cocktail; auf dem Bildschirm öffnen die Hungrigen das Abgepackte. „Da würde ich nicht essen", sagt Hassan, der Zahntechniker, ein wenig angewidert.

Jeden Abend wird der Andrang zur Armenspeisung in der Moschee größer; nicht alle sind arm, manche sind familienlos, heimatlos, fühlen sich verloren wie bei uns Einsame an Heiligabend. Doch die Zurschaustellung von islamischer Wohlfahrt im Fernsehen, orchestriert von einem professionellen Moderator, missfällt vielen Muslimen. Sie argwöhnen, das Regime wolle damit ein wachsendes Bedürfnis nach Islam im öffentlichen Raum okkupieren; es sei also schon wieder Politik.

Während des Ramadan zeigen sich muslimische Potentaten gern großzügig und volksnah. Das syrische Staatsfernsehen bringt jedes Jahr eine Comedy-Serie; verpackt in historisches Ambiente karikiert sie Herrscherwillkür und Untertanenmentalität. Zum Beispiel mit dieser Parabel: Ein reicher Händler gelobt, er werde nach der Pilgerfahrt seine Kunden nicht mehr mit schlechtem Olivenöl betrügen. Als er ihnen dann tatsächlich das beste Öl zum gleichen Preis gibt, beschimpfen ihn die Leute – so gewöhnt waren sie an den Betrug, dass ihnen die Wahrheit, das gute Öl, nicht mehr schmeckt.

Hassiba Abd ar-Rahman hat den Geschmack der Wahrheit nie verlernen wollen. Der Weg zu ihr führt durch eine enge Damaszener Gasse in ein Haus aus Lehmmauern. Hassiba, Oppositionelle und Schriftstellerin, wohnt ärmlich; das einzige Zimmer teilt sie noch mit ihrer Schwester. Nebenan eine fensterlose Abstellkammer mit einem Computer, dort schreibt sie. Aber welche Heiterkeit! Diese große, schlanke Frau, Ende vierzig, Tochter eines alawitischen Scheichs, lacht so oft, als hielte das alle Bedrängnis in einer gewissen Distanz. Etliche Male wurde sie verhaftet, sie zählt die Zeiten im Gefängnis so leichthin auf wie andere Leute ihre Urlaube: „Ach, mal sechs Jahre, mal vier Monate, mal drei Tage, wie es so kam."

Sie stellt Kaffee auf die abgestoßene Tischplatte. Ramadan? Hassiba zieht amüsiert an ihrer Zigarettenspitze. Durch die geöffnete Tür fällt Sonne ins Zimmer, auf dem Hof Wassergeräusche, das morgendliche Schrubben des Plattenbodens. Einkommen hat sie nur hier und da, gerade ist eine Kurzgeschichte ins Englische übersetzt worden.

Ihr erstes Buch, *Kokon*, handelte von Erfahrungen im

Gefängnis, sie konnte es bloß im Libanon veröffentlichen. Danach schrieb sie eine Novelle über die „geschlossene Kultur" der Alawiten, mehr historisch und philosophisch als politisch. Trotzdem warnte sie der Geheimdienst: Nichts über die Alawiten! „Vor dreißig Jahren wäre so ein Buch vermutlich kein Problem gewesen", sagt sie. „Aber jetzt gibt es so viel Fanatismus in der Region." Und die Alawiten hätten auch an der Macht die Kultur der Berge beibehalten, geprägt von ihrer Geschichte blutiger Verfolgung seien sie voller Furcht, voller Misstrauen.

Im März, am Jahrestag der Verkündung der Notstandsgesetze, stand Hassiba wieder mit einem Häuflein Demonstranten vor dem Justizpalast. „Wir waren vielleicht zweihundert, mindestens die Hälfte davon ehemalige Häftlinge. Und kaum junge Leute. Das ist das Problem. Zu solchen Aktionen kommen hauptsächlich Ex-Häftlinge, die anderen trauen sich nicht. Und das kann ich verstehen: Der Staat ist der größte Arbeitgeber, die Opposition hat nichts anzubieten."

Verprügelt wurde sie diesmal nicht von Polizisten, sagt sie, sondern von Studenten: eine von oben bestellte Gegendemonstration. „Es waren Mitglieder der Baath-Partei, sie bekamen gesagt, wir seien Verräter, Agenten Amerikas. Geld? Nein, sie machen es nicht für Geld. Vielleicht haben sie ein Zimmer im Studentenheim, das sie nicht verlieren wollen." Das Regime, sagt Hassiba noch, wolle sich nicht mehr so direkt repressiv zeigen.

Schilder, auf denen früher die Bürger im Befehlston angebellt wurden, sind höflicher geworden. Politische Prozesse werden vor Zivilgerichten ausgetragen, nicht mehr vor Militärgerichten. Alle größeren Hoffnungen auf politische Reformen hat der junge Präsident enttäuscht. In ihrem Herzen sei die syrische Gesellschaft „wie eingefroren", sagt eine Ingenieurin. Sie erzählt aus ihrem beruflichen Alltag: „Wer einen Posten erreicht hat, bewegt sich nicht mehr – aus Angst, Fehler zu machen. Niemand möchte die Verantwortung für etwas übernehmen. Die Leute haben eine rote Linie, wie weit sie reden oder denken. Jeder entwickelt das für sich, aber wundersamerweise ist das Ergebnis bei allen ähnlich."

Auf den Treppenstufen zu einer Ladenpassage trete ich auf etwas verschwommen Hellblau-Weißes im Stein. Alle Passanten treten darauf, so geht es auch mir, und erst nach einigen Tagen bleibt mein Fuß plötzlich in der Luft stehen: Das Verschwommen-Abgetretene ist eine Israel-Fahne. In den staatlichen Fernsehnachrichten ist Israel stets „der Feind", eine Standardfloskel. 1967 hat Israel die syrischen Golan-Höhen besetzt, 1981 das Hochplateau annektiert. Und obwohl dem Assad-Regime an Friedensverhandlungen gelegen ist, bleibt die syrische Öffentlichkeit vorerst auf einen geistigen Kriegszustand eingeschworen.

Der Journalist Bassam al-Kadi ist aus den Selbstverständlichkeiten ausgebrochen. Er nahm Anstoß daran, dass die arabischen Medien die Opfer israelischer Angriffe stets in allen schrecklichen, blutigen Details zeigten. „Sind wir so dumm, dass wir ohne diese grausamen Bilder nichts verstehen würden?", schrieb er. Die Bilder würden die Seelen der Kinder zerstören, die oft mit den Erwachsenen vor den Fernsehern sitzen. „Macht die Katastrophe nicht noch größer!", warnte der Journalist. Das war sein letzter Artikel.

Als Treffpunkt hat Bassam das „Restaurant der Veteranen-Vereinigung" vorgeschlagen. Ist das der schwarze Humor eines gefeuerten Journalisten? Die Syrer denken über solche Namen gar nicht nach, sie sind wie eine verblichene Tapete, vage Erinnerung an die Kultur einstiger Bruderländer. Das Essen ist billig hier, und es gibt Bier im Ramadan.

Bassam raucht nervös, er ist ein zurückhaltender, sanft-
mütig wirkender Mann. Die Zeitung *An-Nur* (Das Licht),
für die er arbeitete, gehört einer kleinen Partei im staatlich
gelenkten Spektrum; die Entlassung verfügte die Parteilei-
tung. Seine Kollegen in der Redaktion seien empört gewesen, „aber sie fügten sich; so ist es üblich in jeder syrischen
Organisation". Die Journalistengewerkschaft? Kontrolliert
von der Baath-Partei, da ist keine Hilfe zu erwarten. Trotz
allem sei es keineswegs ausgeschlossen, dass er wieder
eine Stelle bekomme. „In Syrien ist nichts unmöglich."

Ein *regime change* von außen, das ist für Bassam eine völlig absurde Idee. Veränderung muss von innen kommen,
und das gehe nur langfristig, „wir müssen die Mentalität ändern". Mit zwei Dutzend anderen Ehrenamtlichen hat er
eine unabhängige Website „zur Beobachtung gesellschaftli-
cher Themen" gegründet. Eines der ersten Projekte war
eine Kampagne gegen Ehrenmorde; sie kommen auch in
Syrien vor, der Fall einer Drusin machte Schlagzeilen. „Wir
gehen neue Wege", erklärt Bassam. „Wir gingen persönlich
zu einer ganzen Reihe von Scheichs und verlangten ihre
Meinung, mit dem Hinweis, dass sie veröffentlicht würde.
Daraufhin unterstützten uns die meisten." Die Website zielt
auf freie Diskussion „ohne Einmischung der Politik", wendet sich gegen Diskriminierungen jeglicher Art. „Artikel
über religiöse Gruppierungen werden nicht veröffentlicht",
heißt es im Statut.

Zivilgesellschaft, das ist in Syrien ein riskantes Wort, es
klingt nach Politik und Rebellion. Deshalb benutzen die
Verfechter von mehr Bürgerbeteiligung vorsichtshalber im
Arabischen ein Codewort: sie sagen „einheimische Gesellschaft". Jede Nichtregierungsorganisation (NGO) braucht
eine Genehmigung vom Sozialministerium. Viele bewerben
sich darum, nur wenige mit Erfolg. Wer nach langem War-

ten eine Lizenz errungen hat, nimmt dann unter einigen Namensverrenkungen glücklosere Initiativen unter die Fittiche; nur so können sie zum Beispiel einen Raum im örtlichen Kulturzentrum nutzen. Syrische Lösungen.

Zwei Polizisten schauen argwöhnisch aus ihrer Klause, dahinter eine schwere Türe, an der Youm Abdul-Hosn empfängt. Eine Frau mit wirren schwarzen Locken und eleganten Bewegungen; eigentlich ist sie Töpferin. Was also tut sie hier, in einem Arrestzentrum für minderjährige Mädchen, die auf der Straße aufgegriffen wurden? Dies ist ein Experiment: Die Ehrenamtlichen einer NGO haben das Management einer staatlichen Einrichtung übernommen. „Es ist der erste Vertrag dieser Art zwischen einer Bürgerinitiative und dem Staat", sagt Youm. „Wir wollen die Korruption und den Missbrauch unterbinden, die in solchen Einrichtungen üblich sind. Die Beschäftigten hatten keine Motivation und keinen Respekt für die Mädchen."

Die Ehrenamtlichen haben nun Kurse für die Insassinnen eingeführt, sie haben eine Psychologin ins Haus geholt und suchen nach späteren Arbeitsplätzen für die Mädchen. Privates, bürgerliches Engagement auf einem Feld, für das eigentlich der Staat zuständig ist: Für Syrien ist so etwas neu. Im Vorstand des Vereins sind übrigens wie in einem inter-religiösen Bilderbuch etliche Konfessionen vertreten. „Das war Zufall", sagt Youm, die Töpferin. „Für mich gibt es nur zwei Sorten Syrer: Die einen wollen die Mentalität im Land ändern, die andern wollen es nicht."

Karawanen der Sehnsucht

Jemen und Oman: Zwei arabische Wege in die Moderne

Wie malerisch sind die Männergestalten in Sanaa, der Hauptstadt des Jemen! Ein Krummdolch im bestickten Gürtel, um den Kopf ein verwegen geschlungenes Tuch, dazu ein Jackett über dem langen Gewand. Kein Mann sieht aus wie der andere, jeder trägt seine ganz eigene Mischung aus Würde und Abenteuerlichkeit. Für einen Moment kommt aus fernen Kindertagen ein Wort angeweht: Räuberzivil. Hatte man es sich nicht so ähnlich vorgestellt?

Und dann die märchenhafte Kulisse der Altstadt. Lehmfarbene Wunderwerke mittelalterlicher Architektur mit weiß gekalkten Fensterbögen, mit Ornamenten aus Gips und hölzernen Erkern. Ein Weltkulturerbe. Womöglich gehören die malerischen Männer dazu.

Mit seiner altarabischen Rustikalität lockt der Jemen Reisende – und schreckt sie. Der Oman, das Sultanat nebenan, zeigt sich heiterer, sanfter, und wirbt gleichwohl mit dem Versprechen, die westlichen Vorstellungen von arabischer Romantik aufs Authentischste zu erfüllen. Authentisch arabisch, das ist für uns Westler stets das Alte, das Verschnörkelte, das schwer Duftende. Durch manche Reisekataloge ziehen sogar noch Weihrauchkarawanen, und selten fehlt der Hinweis auf *Arabia felix*, das glückliche Arabien: So hießen der Jemen und der südliche Teil des Oman in der Antike, als das Weihrauch-Harz einer der teuersten und begehrtesten Rohstoffe der Welt war.

Weihrauchstraße, Seidenstraße, das sind die sentimentalen Gegenpole zu bin Laden und al-Qaida. Während Islamfurcht heute oft die Gegenwart dämonisiert, klammert sich die Orientsehnsucht, gerade die deutsche, an die Vergangenheit. Basare, Moschus, Wüstenzelte, in unserm Reise-Orient muss es zugehen wie vor Jahrhunderten, wir lieben seine geheimnisvolle, pittoreske Rückständigkeit.

Der Jemen hat wie der Oman erst in jüngerer Zeit einen einheitlichen Staat entwickelt, und im Jemen reicht sein Einfluss immer noch nicht in alle Teile des Landes. Die Macht der Stämme: Auch dies scheint sich in das Bild einer wilden, ursprünglichen und kriegerisch-männlichen Kultur zu fügen. Aber schon in der Geschichte war der südliche Rand der arabischen Halbinsel von ganz gegensätzlichen Tendenzen geprägt, von Weltoffenheit und interkontinentalem Handel ebenso wie von Weltabgewandtheit und geistiger Enge zwischen Berg und Ziege. Und heute werkeln hinter der rustikalen Fassade längst viele Menschen am Umbau ihrer Gesellschaft, eine verborgene und oftmals verschleierte Avantgarde.

Gender Studies an der Universität, Frauenbeauftragte in den Ministerien, eine freiheitsdurstige Presse – ausgerechnet im armen Jemen hat das demokratische und pluralistische Pilotprojekt der arabischen Halbinsel begonnen, fern von den schimmernden Glasfassaden der reichen Nachbarn. Die Saudis geben jedes Jahr allein für den Import ihrer Autos so viel aus, wie die Jemeniten in ihrem Nationalhaushalt haben. Aber während die saudische Monarchie Parteien verbietet, sind im Jemen gleich 22 registriert, und Frauen genießen das gleiche Wahlrecht wie Männer.

Die geeinte Republik Jemen ist jung, so jung wie das wiedervereinigte Deutschland. Vor 1990 gab es zwei Jemen: Hier in Sanaa, im gebirgigen Norden, regierten lange konservative Religionsführer, später Militärs; die Bergwelt hatte wenig Berührung mit der Moderne (ähnlich wie das Landesinnere des Oman). Ganz anders der Süden des Jemen, die Küste: Dort war die Hafenstadt Aden eine britische Kolonie; später wurde der Südjemen sozialistisch. Als der Ost-West-Konflikt endete und die sowjetische Hilfe für den Südjemen versiegte, vereinigten sich die ungleichen Brüder, allerdings war die Vereinigung so wenig ausgewogen wie die der Deutschen. Im Fall Jemen dominierte der konservative Norden, mit seinem Militär und seiner viermal größeren Bevölkerung.

Die neue Republik schrieb sich demokratische Grundrechte in die Verfassung. Bei den Männern kann nur jeder Zweite sie lesen, bei den Frauen noch viel weniger. Und darum muss man auch im Jemen zunächst auf die Frauen blicken, um zu sehen, wo der Aufbruch in eine neue Zeit beginnt.

Auf dem Tahrirplatz im Zentrum von Sanaa sitzt im schönsten goldenen Nachmittagslicht Mann neben Mann, als wären weibliche Sitzende noch nicht erfunden. Wenn eine Frau den Platz überquert, dann eilt sie wie ein Reh über eine Lichtung, schwarz verschleiert bis zum Unterlid. Kein Kubikzentimeterchen Luft ohne männliche Blicke.

Und dann kommt sie: Fatima al-Huraibi, füllig und resolut, wie imprägniert gegen alle Zumutungen. Sie ist eine Ingenieurin, die Politikerin wurde. Ihr Gesicht ist nackt, die Leute kennen es seit Langem, denn die Vielseitige war auch schon Nachrichtensprecherin im Fernsehen. Bei der Wahl bekam Fatima al-Huraibi die meisten Stimmen in diesem zentralsten Bezirk der Hauptstadt; 100 000 Menschen leben hier, viele sind arm und ungebildet – und sie wählten eine Frau. Seit fünf Jahren ist Fatima nun schon die Chefin des Bezirksrats. Der Rat, das sind 25 Männer.

Fatima al-Huraibi steigt aus ihrem Auto, flankiert von einigen Männern mit Kalaschnikows, die sie als „meine Soldaten" vorstellt. Die Handtasche am leicht abgespreizten Arm, so beginnt sie mit der Inspektion der umliegenden Märkte. Schwärme aufgeregter Händler begleiten den Rundgang, manche gaffen in stummem Respekt, andere beschweren sich lauthals über irgendwelche Missstände. Fatima hebt die Stimme, schneidet den Aufgeregten das Wort ab, Schluss jetzt!, die Handtasche immer noch abgespreizt.

Seltsam, wie schnell sich ein Bild wandeln kann. Eben noch, auf dem Tahrir-Platz, beherrschten die Männer mit ihren Blicken den öffentlichen Raum; nun unterwerfen sie sich der Autorität einer Frau, scheinen sie zu fürchten und zu achten wie eine strenge Mutter.

Fatima al-Huraibi habe härter gearbeitet als alle männlichen Ratsmitglieder, schreibt die *Yemen Times* anerkennend. Damit hat sich die Politikerin allerdings auch Feinde gemacht. „Ich bin erfolgreich", sagt Fatima kühl, „das ist mein Fehler." Die Einnahmen des Bezirks haben sich verdoppelt, weil sie scharf gegen Korruption vorgeht; selbst für die kleine Gebühr, die ein Straßenhändler bezahlen muss, kann er nun eine Quittung verlangen. So viel Transparenz ging Fatimas Parteikollegen zu weit, sie wollten sie absägen. Dafür stärken ihr nun die Politiker der islamischen Oppositionspartei den Rücken, und auf den Märkten unterzeichnen analphabetische Händler mit ihrem Fingerabdruck eine Solidaritätsadresse.

Um im Jemen wählen zu können, müssen sich die Einwohner registrieren lassen. Die Zahl der registrierten weiblichen Wähler ist ein Gradmesser für das Tempo des Fortschritts: 1993 waren es 500 000, 1997 waren es 1,5 Millionen, 2006 waren es vier Millionen, das ist bereits ein Gutteil der erwachsenen Jemenitinnen. Weibliche Wähler sind bei den Parteien jetzt beliebt – aber nicht weibliche Kandidaten: Deren Zahl sank im gleichen Zeitraum. Das Nationale Frauenkomitee verlangt nun eine Dreißig-Prozent-Quote im Parlament, unabhängige Frauenrechtlerinnen werben dafür schon seit Längerem. Eine Parallele zu Pakistan, von dessen Quote an anderer Stelle erzählt wird, eine Parallele aber auch zu westlichen Ländern. Jemens Musliminnen holen nun im Eiltempo eine Erfahrung nach, welche die Frauen bei ihrem Vormarsch in der deutschen Parteipolitik über Jahrzehnte begleitete: Sobald sie Männern als potenzielle Konkurrentinnen begegnen, wird die Luft dünn.

Als die Anwältin Nabila al-Mofti vor ein paar Jahren mit zwei Kolleginnen Jemens erste Frauen-Kanzlei gründete, schrieb sie auf ihr Firmenschild: „Die Pionierinnen". Alle hatten ihr abgeraten, sogar gute Freundinnen. Frauen würden keine Mandanten finden, prophezeiten sie. Binnen zweier Wochen hatte die neue Kanzlei genügend Fälle, sogar ungebildete Männer vom Land vertrauten sich ihr an. Spott und Beleidigungen ernteten die Anwältinnen hingegen von den Kollegen des eigenen Berufsstands, von Richtern und Anwälten. „Wenn ich im Gefängnis einen Mandanten besuchte", erzählt Nabila, „dann höhnten sie: ‚Was hat eine Frau unter all den Männer zu suchen?'"

Die 33-jährige Nabila ist mittlerweile eine bekannte und gefragte Verteidigerin. Beim abendlichen Gespräch in ihrer Kanzlei massiert sie sich erschöpft die Schläfen, der Erfolg hat seinen Preis. Anwältin zu werden, davon träumte sie schon als Mädchen. Weil es keine Anwältinnen gab. Und weil sie, eine Tochter liberaler Eltern, sich zutraute, anderen zu ihrem Recht zu verhelfen. Nun inspiziert sie Gefängnisse, wo manche Frauen nach Verbüßung ihrer Strafe einfach weiter inhaftiert bleiben: weil die männlichen Angehörigen ihnen die Rückkehr in die Familie verweigern.

Die Rechtsanwältin ist geschieden. Auf die Frage, ob sie noch einmal heiraten wolle, antwortet Nabila: „Diese

Chance gibt es für mich nicht mehr." Ihr Ton verrät kein Selbstmitleid. „Frauen wie ich stellen für Männer eine rote Linie dar." Und doch bleibt sie beruflich verwundbar, nur weil sie eine Frau ist. Sorgsam wägt sie ab, bevor sie einen Fall übernimmt, der ihr den Hass mächtiger Gegner eintragen kann; es sei so leicht, ihren Ruf zu beschädigen. Oft verlässt sie erst spätabends ihr Büro – da muss nur jemand verbreiten, er habe sie aus einem Apartment kommen sehen.

Die Journalistin Fahmia al-Fotih, 27, erinnert sich, welche Überwindung es sie kostete, als sie zum ersten Mal eine Pressekonferenz in einem Hotel besuchte. Eine anständige Frau geht nicht in ein Hotel! Fahmia führt keine längeren Interviews mit Männern, das wäre zu viel kompromittierende Nähe, und sie nimmt nie Termine nach Einbruch der Dunkelheit wahr. Trotzdem brennt sie vor Ehrgeiz und Tatendrang. Ihre Artikel in der *Yemen Times* berühren die verborgene Doppelmoral einer Schamkultur: Sexuelle Belästigung auf dem Weg zur Arbeit. Ein Phänomen, das auf seine Weise von der Modernisierung der städtischen Gesellschaft erzählt. Vielen jungen Männern fehlt heute das Geld für eine frühe Heirat; ihre Frustration bekommen dann Passantinnen zu spüren, mögen sie auch bis zur Wimper verschleiert sein.

Und Jemenitinnen, die behütet und abgeschirmt aufwachsen, fühlen sich schnell beschmutzt und bedroht. Wenn ich mit meiner jungen Dolmetscherin ein Taxi nehmen will, dann mustert sie durch ihren Sehschlitz zunächst argwöhnisch das Gesicht jedes Fahrers, winkt mehrfach ab: Kein guter Mann! Wenn wir schließlich in einem Wagen sitzen und sie spürt einen anzüglichen Ton in der Stimme des Fahrers, dann lässt sie ihn abrupt halten, wir müssen aussteigen, Termin hin oder her. Alleine fährt sie ohnehin in keinem Taxi. Also begleite ich sie nach der Arbeit zu ihrem Haus, falls ihr Bruder sie nicht abholen kann.

„Die Männer wollen, dass wir uns außerhalb der Häuser unwohl fühlen", glaubt die Journalistin Fahmia. Manche ihrer Leser beschweren sich, weil sie mit solchen Ansichten die Frauen gegen die Männer aufhetzen würde. „Ich bin stolz, wenn über meine Artikel diskutiert wird", entgegnet sie. „Mir wird vorgeworfen, ich sei verwestlicht. Aber ich glaube an das, was ich schreibe. Es sind meine Prinzipien."

Die Politikerin, die Anwältin, die Journalistin – solche Frauen markieren am deutlichsten den kulturellen Aufbruch. Und wie in Saudi-Arabien oder in Pakistan steht die Rolle von Frauen im Jemen im Schnittpunkt aller Widersprüche, im Fadenkreuz von islamistischen, reformerischen und westlichen Ermahnungen. „Wir sind wie in der Mitte eines Sturms", seufzt Rashida al-Hamdani, die Vorsitzende des Nationalen Frauenkomitees, eine sanfte ältere Dame. „Jeder ruft etwas anderes: rechts, links, vor, zurück! Ich war in meinem ganzen Leben nicht so verwirrt wie heute. Ihr Europäer schaut auf uns herunter, weil wir den Islam erhalten wollen. Ihr greift uns an, ohne dass ihr realisiert, wie sehr wir leiden und wie sehr wir eure Unterstützung brauchen."

Rashida al-Hamdani ging im Süden zur Schule, in Aden. In den sechziger Jahren demonstrierte sie dort als 14-Jährige mit anderen Mädchen gegen die Briten, für die nationale Befreiung. „Wir gingen unverschleiert auf die Straße und brüllten Parolen", erinnert sich Rashida und lächelt melancholisch. Wie libertär es im kolonial besetzten Aden zuging, das wurde ihr erst später bewusst. „Frauen tanzten damals mit Männern, sie trugen Badeanzüge, sogar Shorts! Ich war gut in Leichtathletik." Ihr Vater hatte ihr eingeschärft: Ein Mann, der einem Mädchen nachstellen wolle, werde sich immer eine Verhüllte aussuchen, denn die reize seine Phantasie am heftigsten.

Später, als Aden die Hauptstadt der sozialistischen Volksrepublik Südjemen war, hatten die Frauen dort den höchsten Bildungsstand und die niedrigste Geburtenrate der gesamten Region. 23 Jahre währte der Staatssozialismus, dann zeigte sich, wie flüchtig der Fortschritt war. Die Freiheiten der Frauen in Aden wurden zum ersten Opfer der Vereinigung, Schleier und Polygamie kehrten zurück. Wie konnte das passieren? Offensichtlich hatten Säkularisierung und Modernisierung im Süden nur flache Wurzeln geschlagen – im Vergleich zum tief wurzelnden religiösen und kulturellen Konservatismus des Nordens. Außerdem hatten die Frauen ihre Rechte ohne Kampf bekommen, es waren verordnete Neuerungen; sie konnten leichter wieder genommen werden.

Heute sind die Karten neu verteilt. Jemens demokratische Verfassung garantiert Frauen und Männern gleiche Rechte, aber sie müssen in der Praxis gegen eine starke konservative Kultur erst erkämpft werden. Dass sich beides hier trifft, Demokratie und altarabische Mentalität, macht den Jemen zu einem interessanten Labor – für die Auseinandersetzung mit der eigenen Kultur und für das Ringen um das eigene Selbstverständnis.

Wie würden junge Araberinnen leben wollen, wenn sie ganz frei entscheiden könnten? Wenn sie ihre Wahl treffen könnten, ohne bedrängt zu werden von Vätern und Imamen, von Familien- und Stammesinteressen? Wir im Westen wissen es nicht, und vermutlich wissen es die Betroffenen selbst nicht. Islamisch geprägte Kultur betont Geschlechterunterschiede; ein androgyner Feminismus ist dem Denken muslimischer Vorreiterinnen fremd. Aber das umreißt nur einen groben Rahmen, innerhalb dessen ganz unterschiedliche Antworten Platz finden können. Frage an zwei modern eingestellte Teenagerinnen: Könnte eine Frau im Jemen Taxifahrerin werden? „Nein", antwortet eines der Mädchen, „das würde unsere Gesellschaft nie akzeptieren." Ihre Freundin widerspricht: „Die Gesellschaft wird es erst nicht akzeptieren, aber die Frau muss sich durchsetzen."

Was ist bewahrenswerte Eigenart? Und was ist Ballast, der über Bord gehört beim Aufbruch in die Zukunft? Die Jemeniten wollen sich treu bleiben, sie wollen keinen Ausverkauf an den Westen. Aber der Kampf um die eigene Kultur und gegen die eigene Kultur schiebt sich in vielen Facetten übereinander.

Das gilt sogar für die jungen, gebildeten Frauen bei den moderaten Islamisten. *Islah* („Reform") ist die stärkste Oppositionspartei im Parlament, ihre Frauensektion ist besonders aktiv. Das macht mich neugierig, also treffe ich mich mit einigen Islah-Aktivistinnen. Sie begründen ihr politisches Engagement als „religiöse Pflicht"; so schlucken es ihre konservativen Familien. Nach dem Islah-Programm ist weibliche Berufstätigkeit nur erwünscht, wenn die Familie das Geld dringend brauche, aber die Frauen schieben diese Einschränkung achselzuckend beiseite: Entscheidend sei, ob die Gesellschaft sie brauche! Also schimpfen sie über Korruption und fühlen sich ganz selbstverständlich als Agentinnen des demokratischen Aufbruchs.

Aber welche Widersprüche prallen da aufeinander! Eine Ältere in der Runde erzählt, sie habe für ihren Mann eine jüngere Zweitfrau ausgesucht. „Es war meine Idee", sagt sie, „es sollte ein Geschenk sein, aus Liebe. Und ich habe sie selbst gesucht, damit ich mich gut mit ihr verstehe." Ich begreife erst nach einer Weile, dass die Zweitfrau neben ihr sitzt. Auch sie ist Akademikerin; beide tragen fast identische braune Mäntel, leben im selben Haus, Wand an Wand. Die Zweitfrau behandelt die Erstfrau mit Respekt und Wärme, wie eine ältere Schwester.

Während ich noch darüber nachdenke, wie echt die Geschichte von der selbstgewählten Polygamie sein mag, verlangt eine Menschenrechtsaktivistin in der Runde meine Aufmerksamkeit. Sie will eine Organisation mit dem Namen „Journalistinnen ohne Ketten" gründen. Das klingt arg großartig, ich lausche ihrer eifrigen Erzählung nur aus Höflichkeit. Später schickt mir die junge Frau akribisch recherchierte Berichte über Verletzungen der Pressefreiheit im Jemen. Und als die jemenitische Regierung in dem berühmten Streit um die dänischen Propheten-Karikaturen die Proteste aus eigennützigen Gründen anstachelt, stellt sich die junge Aktivistin couragiert dagegen. „Als Muslime brauchen wir die Freiheit der Meinung nicht zu fürchten", schreibt sie in einem Aufruf. „Ich will die Beleidigungen unseres Propheten nicht verniedlichen. Aber ich wehre mich dagegen, wegen meiner Liebe zu ihm als Werkzeug benutzt zu werden." Einige Zeitungen in Sanaa drucken die Karikaturen nach, trotz allen Missfallens, und nehmen dafür staatliche Repressalien in Kauf.

Demokratie, arabische Kultur und Islam – das gruppiert sich im Jemen in immer neuen, überraschenden Varianten. Die Führer der einflussreichen Stämme, die Scheichs und ihre Söhne, sitzen nun als Abgeordnete im Parlament. Bemächtigen sich also die traditionellen Kräfte der neuen Institutionen? Oder demokratisiert sich so schrittweise die Stammeskultur? An der Nahtstelle von Neuem und Hergebrachtem sind auch die Entführungen von Touristen angesiedelt. Sie haben in der Regel keine kriminellen, sondern soziale Motive, sind eine Art Kommunikation mit dem Staat. Die Stammesführer erpressen auf diese Weise den Bau einer Straße oder einer Schule. Im Gebiet von Marib, berüchtigt für seine Unruhen, aber auch berühmt für seine archäologischen Ausgrabungen, haben deutsche Entwicklungshelfer junge Männer zu Touristenführern ausgebildet – würde einer ihrer Gäste entführt, wäre das ein Gesichtsverlust für den ganzen Stamm.

Der Jemen hat mutmaßlich die höchste Waffendichte der Welt; die Waffe gibt dem Mann Identität, vervollständigt gleichsam seine Kleidung. Auf dem Land gehen Männer mit Kalaschnikow zum Hochzeitsfest, in der Stadt trägt auch der Computerexperte Krummdolch. Aber entscheidender für das Land ist eine andere Zahl: Von den 22 Millionen Jemeniten ist jeder Zweite unter 14. Viele Jugendliche lernen heute nicht mehr, dass zum traditionellen Stammesrecht auch ein Reglement für Vermittlung und Konfliktschlichtung gehörte. Anstelle der alten Autoritäten versuchen nun moderne Akteure dieses Wissen zu vermitteln, zum Beispiel die Freiwilligen vom „Haus des Friedens", unter ihnen Psychologen und islamische Prediger. Sie fahren in die Dörfer, werben im Fernsehen, in Schulen und Moscheen für Gewaltfreiheit. An vielen Straßen im Land steht mahnend ein Schild mit einem durchgestrichenen Gewehr.

Der Jemen als Labor für eine indigene, eine arabische Demokratie: das bedeutet zunächst Raum für kreative, heimisch angebaute Lösungen. In den Gefängnissen sollen Häftlinge, denen eine terroristische Gesinnung zur Last gelegt wird, durch Streitgespräche mit religiösen Gelehrten umerzogen werden. Wer sich erkennbar von seinen extremen Auffassungen löst, wird auf freien Fuß gesetzt, darf jedoch nicht ausreisen. Rechtsstaatlich betrachtet ein zweifelhaftes Experiment. Aber bemerkenswert daran ist: Der Islam übernimmt Verantwortung für seine missratenen Kinder.

„Wir fangen gerade erst an." Dieser Satz fällt fast immer, wenn ein Jemenit, eine Jemenitin über die Entwicklung von Demokratie und Bürgerrechten spricht. „Wir fangen gerade erst an", sagt auch Amat al-Alim al-Soswa. Als ich sie kennenlernte, war sie Jemens Menschenrechtsministerin, die erste derartige Ministerin der Welt. Vorher war sie Jemens erste Botschafterin. Eine Frau, die das Anfangen also ganz persönlich verkörpert. Mittlerweile ist die Tochter einer Analphabetin weiter aufgestiegen, zur Beigeordneten Generalsekretärin der Vereinten Nationen. Für ehrgeizige junge Jemenitinnen ist diese Endvierzigerin mit dem rasanten Englisch ein Star; für konservative Landsleute war der Aufstieg einer Frau ohne Gesichtsschleier lange ein übles Vorbild. „Ich wurde viel kritisiert, weil ich die Werte meines Landes nicht respektieren würde", sagt Amat al-Soswa. „Aber wir können nicht warten, bis sich unsere ganze Kultur geändert hat."

Sie griff Missstände auf, die zu benennen vorher als Beleidigung arabischer Kultur galt, etwa den Kinderhandel zwischen dem armen Jemen und dem reichen Saudi-Arabien. „Die Arabische Liga brauchte elf Jahre, um das Wort Menschenrechte zu akzeptieren", erinnert sie sich. „Aber Araber sind keine besondere Gattung. Sie sind Menschen wie alle anderen."

Jedes Jahr über die Fortschritte und die Entwicklungsdefizite der arabischen Gesellschaften zu befinden, das ist nun ihr Job bei den Vereinten Nationen. Für eine Jemenitin war das ein weiter Weg.

1600 Kilometer weiter nordöstlich, im Oman. Manchmal höre ich den Tritt einer Ziege am Berg. Es muss sehr still sein, windstill auch, um diesen hellen, kleinen Ton zu hören. Es ist früher Abend; ich blicke hinunter auf eine Oase im Hadjar-Gebirge, ferne Kinderstimmen mischen sich mit fernem Ziegenmeckern, und heiterer Frieden liegt im Tal wie eine Schicht ganz besonderer Luft.

Vielleicht ist es die Kargheit der Landschaft, diese braune Trockenheit, die empfänglich macht für das Leichte, Schwebende solcher Momente – und für ihre Zerbrechlichkeit. Ein wenig scheint das ganze Land in der Schwebe, in einer raren Balance.

Oman, das ist viel Landschaft und wenig Mensch. Die Omanis verteilen sich sparsam, zumal außerhalb von Muscat, der Hauptstadtregion. Nur zwei Millionen sind sie, zehnmal weniger als die Jemeniten. Auch sonst Unterschiede allenthalben: Arm der Jemen, wohlhabend der Oman, dank Öl und Gas. Dort eine Demokratie mit vielerlei Turbulenzen; hier ein friedliches Sultanat, ohne politische Opposition, ohne Kampf um Pressefreiheit. Und doch so viel Verwandtschaft in Geschichte und Kultur. Jemen und Oman, das sind zwei arabische Wege in die Moderne: der unruhige Weg der Demokratie, der ruhige eines autoritären Wohlfahrtsstaates. Die Frage, was die Gesellschaft von ihren Traditionen bewahren kann, was sie verwerfen muss, stellt sich auf beiden Wegen.

Am Morgen und am Nachmittag legt sich Dunst in die Schluchten des omanischen Bergslandes, ein Schleier in milchigem Rosa. Er verrät, dass nicht weit von dieser braunen Trockenheit ein Meer sein muss. In einer solchen Schlucht hängt auf halber Höhe al-Sugra, „das Kleine", ein winziges Dorf, ein paar Häuserwürfel nur aus Stein und Lehm, fast unsichtbar im Fels, Ton in Ton. Ringsum mattrosa Dunst. Welch eine grandiose Verlassenheit!

Das Neueste hier ist ein Flaschenzug; damit wird das Lebensnotwendige durch die Schlucht gehangelt.

Es wäre einiges über al-Sugra zu erzählen, zum Beispiel, dass die Leute einfach nicht von hier wegwollen, nicht einmal, als die Regierung ihnen anderswo neue Häuser hinstellen wollte, geschenkt. Das Entscheidende aber geschieht jeden Morgen: Dann laufen drei Mädchen in dunkelblauer Schuluniform mit weißem Kopftuch die Schlucht hinunter und auf der anderen Seite wieder hinauf; drüben wartet ein allradgetriebenes Schultaxi auf einer Schotterpiste und bringt die drei scheuen Bergmädchen zu einer Schule mit einer ganzen Phalanx nagelneuer Computer.

1970 hatte der ganze Oman nur zwei Schulen (keine für Mädchen), heute sind es über tausend. 1970, das war der Beginn der „gesegneten Renaissance", wie man im Oman sagt, die Wiedergeburt eines zuvor fast autistisch erstarrten Landes. Damals entwand der junge Sultan Qabus seinem Vater durch einen Staatsstreich die Macht, sieben Tage später wurde die erste Radiosendung des Landes ausgestrahlt. Heute schicken sich die Omanis Nachrichten über SMS, und Sultan Qabus ist immer noch an der Macht, ein kleiner, feingliedriger Mann mit ebenmäßigen Zügen.

Wie der Jemen, von dem nur die Hafenstadt Aden britisch besetzt war, hat der Oman nie die entfremdende Wirkung kolonialer Herrschaft erfahren. Die Omanis waren selbst expansiv, ihr Handelsreich beherrschte in der ersten Hälfte des 19. Jahrhunderts die ostafrikanische Küste, reichte bis zur Südspitze Persiens. Dynastische Streitigkeiten und veränderte Welthandelsrouten führten zum Niedergang, später stülpte sich das Land völlig nach innen. Unter dem Vater von Sultan Qabus bedurfte es einer Lizenz, um ein Fahrrad fahren zu dürfen, und als einmal Autos im Hafen eintrafen, wurden sie zum Palast getragen: Es gab keine Straßen.

Die Jebel-Akhdar-Mädchenschule, wo unsere drei Bergmädchen aus dem winzigen Dorf ankamen, ist der schönste Beweis für die omanische Entwicklung im Zeitraffer. 500 Schülerinnen auf einem Gebirgsplateau; die Schulleiterin ist 29, ein Kind der Renaissance – ihre Mutter eine Analphabetin. Die Mauern der Schule haben die Kälte der Bergnacht gespeichert, doch sie kann den Eindruck von Wärme und Fröhlichkeit nicht vertreiben. An der Tür grüßen Kraniche in Buntglas, und um den Schulhof herum hängen liebevoll gemalte Tafeln, deren Lehrstoff von der Mondrakete bis zur Gebetshaltung reicht. Im Computerraum sitzen die Mädchen einer sechsten Klasse, dreißig weiße Kopftücher in kerzengerader Aufmerksamkeit. Als ich frage, wer studieren möchte, schnellen dreißig Finger in die Höhe.

Kurz darauf in einer Abschlussklasse das gleiche Ergebnis: Alle wollen an die Universität. Nur fotografieren lassen wollen sich die 18-Jährigen, anders als die Elfjährigen, nicht mehr. Aber was hat das damit zu tun, dass sie Ingenieurinnen, Biologinnen, Ärztinnen werden wollen? Später treffe ich in einem großen Unternehmen eine Angestellte, die ihren Firmenausweis unter die schwarze Gaze ihres Kopftuchs geschoben hat. Sie zeigt ihr Gesicht, aber niemand soll ihr Foto anstarren. Auch das ist Oman.

Ein weitläufiger Campus nahe der Hauptstadt Muscat – der Traum der Bergmädchen vom Jebel Akhdar, der Traum aller Schülerinnen im Oman: die Sultan-Qabus-Universität. Unter den cremeweißen Betonarkaden der Lehrgebäude könnte man im ersten Moment denken, es gebe hier keine einzige Frau: Das Erdgeschoss ist der Flur der Männer. Wenn sie sich umschauen, dürfen sie glauben, sie seien die Herren des Wissens. Dabei ist hier unten sozusagen der Flur der Dummen. Denn dies ist die einzige Universität der Welt mit einer Männerquote. Der obere Flur gehört den Frauen; sie haben chronisch die besseren Schulnoten.

Jeder Hörsaal hat zwei Eingänge, die Männer kommen von unten, die Frauen von oben. Auch in der Sitzordnung wahren sie Zurückhaltung und überlassen den Männern in der Regel die vorderen Reihen.

Blick in einen Lesesaal. Bei den Männern leises Geplauder, die meisten sitzen in Gruppen, einige lesen Zeitung. Ein paar Schritte weiter der Lesesaal der Frauen: diszipliniertes Schweigen, die Köpfe vergraben zwischen Stapeln von Büchern.

Würde die Zulassung zu Omans einziger staatlicher Universität nur nach Leistung entschieden, dann hätten die Studentinnen an vielen Fakultäten längst die Mehrheit. Eine ausgefeilte Prozedur sorgt dafür, dass sich die 13 000 Studierenden nahezu perfekt Hälfte-Hälfte auf die Geschlechter verteilen. Jede Fakultät entscheidet pro Semester, wie viele Neuzugänge sie verkraften kann; danach legt der Universitätsrat den Numerus clausus fest, die Mindestschulnoten für jedes Fach. Um die begehrten Studienplätze konkurrieren dann Mädchen gegen Mädchen, Jungen gegen Jungen. Die Folge: Bei den Studentinnen schafft es nur eine Auslese der Besten, während bei den Jungen auch Schwächere durchkommen.

„Wir sind besser!", das hört man nun von jungen Mädchen im ganzen Land. So oft fällt der Satz, als drückte sich darin die *Corporate Identity* der weiblichen Jugend aus. Welch ein Siegeszug der Mädchenbildung in weniger als vier Jahrzehnten!

Der Oman sieht sich unter den Golfstaaten als Schrittmacher für weibliche Teilhabe. Nach offiziellen Angaben besetzen Frauen ein Drittel der Stellen im öffentlichen Dienst und zwölf Prozent der staatlichen Führungspositionen. Es gibt vier Ministerinnen, zwei Botschafterinnen, einzelne Frauen sitzen im Staatsrat, dessen Mitglieder per Dekret ernannt werden, sowie in der gewählten Beratenden Versammlung, einem Keim von Demokratie im Sultanat.

Ebenso großen Wert legen die Omanis aber darauf, traditionelle Sitten durch die Modernisierung nicht auszuradieren. Die Geschlechterordnung an der Universität verdeutlicht den Balanceakt. Optisch bleiben die Männer das vorherrschende Geschlecht. Aber in den Familien wird das Bildungsgefälle schon spürbar, oft erweist sich ein weniger gebildeter Mann als intoleranter Partner. Was für die Jemenitinnen die Versprechen der Verfassung sind, das ist für die Frauen im Oman die Unterstützung durch den Sultan – der Praxistest aber ist immer die Familie.

Sultan Qabus. Er ist zugleich entrückt und allgegenwärtig. Wenn eine arme Familie von der Regierung ein neues Haus bekommt, sagt sie: Das hat uns der Sultan geschenkt. Wenn sich jemand beschweren will, sagt er: Ich geh zum Sultan. In den Augen einfacher Omanis ist Politik völlig personifiziert. Dabei gibt Sultan Qabus fast nie ein Interview. Kritik an ihm ist in den Medien tabu, seine täglichen Dekrete werden stets „weise Führung" genannt.

Ein wenig unwirklich der verspielte blau-goldene Palast in Muscat, umgeben von Marmorwegen, deren Glanz Nässe vortäuscht, unter brennender Sonne. Über eine Mauer ragen die Kuppeln königlicher Büros wie zart gemusterte Ostereier.

Er ist nicht da, der Sultan ist auf Tour. Einmal im Jahr geht er mit einer Entourage von 2000 Offiziellen wochenlang über Land, „offenes Parlament" wird das genannt, „der Sultan trifft das Volk". Wo er gerade ist? Kein Wort darüber in der Zeitung.

Zufall, dass man das Camp findet. Mitten im Land an einer Straße plötzlich Flaggen und riesige Porträts des Schönen, ringsum fünf Kilometer Sicherheitszone. Am Polizeiposten ist Schluss, niemand darf weiter, und niemand weiß, wie es drinnen aussieht, außer denen, die dort arbeiten. Nie wird vom Camp ein Foto veröffentlicht, und die Zeitungen drucken die täglichen Dekrete, als hätte der Sultan sie in der Hauptstadt erlassen. Eine silberne Limousine fährt vor, sie bringt die königliche Post.

Auf seiner Tour inspiziert der Sultan den Zustand des Landes, er geht auf die Dörfer, und dann beschließt er Projekte in Millionenhöhe, die im Staatshaushalt nicht vorgesehen waren. Hier eine Schule. Dort drei Kliniken. Oder eine Entsalzungsanlage. Gerade ist Ruhepause, und die nächste Station der königlichen Campingtour ist natürlich geheim. Umgezogen wird, wenn der Sultan es beschließt – 773 Fahrer stehen sprungbereit.

Die Kombination von sagenhaften Wohltaten und Geheimhaltung ist der Stoff, aus dem Geschichten sind. Jetzt wird der Sultan wieder nachts gesehen; die Leute erzählen sich, wie er allein durch die Gegend fährt in seinem Jeep, um herauszufinden, wie es dem Volke geht. Manche Omanis laufen abends und im Morgengrauen an der Straße in der Nähe des Camps entlang, sie hoffen, der Sultan werde sie in seinem Auto mitnehmen und ausfragen. Und wenn sie ihm kluge Antworten geben, werde er sie reich beschenken.

Im Gruppenbild der Golf-Herrscher steht Sultan Qabus zierlich, elegant und gepflegt bis zu den nackten Zehen in Ledersandalen zwischen den beleibten Kollegen. Seine Körpersprache ist stets auffallend diszipliniert, zurückgenommen. Alle offiziellen Fotos – und es gibt keine anderen – zeigen ihn als einen Zuhörenden. Nie in dramatischer Pose, nie mit einer autoritativen Geste. Und sein Privatleben spricht allen arabischen Familienidealen Hohn. Der Sultan ist nicht verheiratet, hat keine Kinder, keinen Sohn, keine Erbfolge im Amt. Manche munkeln über mögliche homosexuelle Neigungen; in seiner Palastgarde seien nur schöne Männer. Aber nichts von alldem scheint das Ansehen des Sultans zu schmälern. Als ich am Rande der Wahiba-Wüste einen Beduinen frage, was er von der Kinderlosigkeit des

Sultans hält, deutet er auf die Schar seiner eigenen Söhne und sagt: „Das sind alles Kinder von Sultan Qabus."

Wenn der Oman in manchem einem Märchen gleicht, so ist es doch ein gebrochenes, ein modernes Märchen. Für uns vielleicht auf den ersten Blick so undurchsichtig wie manche Familienstrukturen im Oman. Bei einer Lehrerin läuft ein Teenager durchs Haus, den sie als „mein Onkel" vorstellt. Der seltsame Fall ist ein Produkt der Polygamie in der Generation ihres Vaters; die übliche Altersarithmetik von Verwandtschaft wurde dadurch aus dem Lot gebracht. Für die Lehrerin wäre es unvorstellbar, so zu leben wie ihre Mutter.

Was also ist authentisch arabisch? Die Omanis lassen sich nicht gern in ihre Häuser sehen, und ein Ausländer kann lange warten, bis ihm ein omanischer Freund seine Frau vorstellt – vielleicht nie. In einem Bergdorf, wo sich neuerdings ein Trekkingpfad hindurchschlängelt, hängten die Bewohner sogar zeitweise ein Pappschild „No entry" über die Straße, weil sie die Fremden mit ihren Wanderschuhen und nackten Waden obszön und zudringlich fanden. Aber wenn sich ein Mädchen verliebt und der Vater will den Bräutigam partout nicht akzeptieren, dann kann sie vor Gericht gehen. Und dann kann der Richter die Ehe anordnen, gegen den Willen des Vaters. Eine Zwangsheirat der anderen Art.

Niemand weiß, wo das alles hinführen wird. Die Bewohner und vor allem die Bewohnerinnen der brüchigen Märchen müssen klug sein und vorsichtig, um sich zurechtzufinden in diesen Gesellschaften voller Übergänge und Klippen. Wasila ist eine solche Lebenskünstlerin, Wasila al-Rahbi, eine Frau mit kräftigen, biegsamen Händen und einer Ausstrahlung, die nicht von Schönheit herrührt, sondern von innerer Festigkeit. Als Fünfjährige hat sie die

Ziegen im Wadi gehütet, ein zerzaustes kleines Mädchen aus armer Familie; mit 33 hat sie ihren Master in internationalem Recht. Stufe für Stufe hat sie sich hochgezogen, das hat ihre Hände so kräftig gemacht, von der Ziegenhüterin zur Schülerin, dann zur Sekretärin, zur Buchhalterin, jetzt ist sie Juristin in einem großen Unternehmen. Ihr Vater starb früh, das gab ihr ein wenig Freiheit. „*Ilhamdullilah*", sagt sie, „ich danke Gott für alles, was er mir gegeben hat. Ich danke ihm auch für den frühen Tod meines Vaters." Später rang sie ihrem Ehemann die Zustimmung zu jeder weiteren Ausbildung ab, jahrelang rang sie mit ihm, bis er sie zu den Master-Prüfungen ins Ausland fahren ließ.

„Mein Mann", sagt Wasila lächelnd, „ist nur ein kleines Licht bei der Armee. Aber ich behandele ihn wie einen König. Wenn ich ihm das Gefühl gäbe, unterlegen zu sein, würde das unser Leben und unser Glück zerstören."

Nachwort

Über Reisen, Respekt und Geschlecht

Häufig werde ich gefragt: „Und wie geht es Ihnen als Frau in solchen Ländern?" Wenn ich antworte: „Gut", spüre ich eine leise Enttäuschung. Es wurden Klagen erwartet. Aus der (falschen) Annahme, alle Musliminnen seien unterdrückt, folgt oft die Vermutung, eine westliche Journalistin müsse sich in islamischen Ländern einer Fülle von Demütigungen, Unannehmlichkeiten und Behinderungen erwehren.

Ich reise und recherchiere gerne in „solchen Ländern", und ich fühle mich dort sicher – eine Einschränkung vorausgeschickt: Ich fahre nicht in Kriegsgebiete.

Mein Gefühl von Sicherheit resultiert zunächst aus der stärkeren sozialen Kontrolle des öffentlichen Raums. Selten bin ich unbeobachtet; dass mir jemand unbemerkt die Tasche rauben könnte, ist wenig wahrscheinlich, und die Gefahr von Gewaltkriminalität ist weitaus geringer als in vielen westlichen Metropolen. Durch Kairo, einen Moloch voller Armut, kann man sich unbekümmerter bewegen als durch New York, auch bei Nacht. Und anders als im individualisierten Westen fühlen sich Menschen, die nicht einmal meinen Namen kennen, für meine Sicherheit verantwortlich. Hilfe ist meist schnell bei der Hand.

Es war ein Abend in Peschawar, West-Pakistan. Ich hatte mich in der Altstadt verlaufen, den Weg zum Hotel schon zweimal verfehlt. Nun senkte sich Dunkelheit in die Gassen; überall nur Männer, mir wurde unbehaglich. Ich sprach einen älteren Mann an, er sagte nichts, hob wortlos die Hand – in der Werkstatt hinter ihm verstummten die drei Nähmaschinen seiner Söhne. Die Stille half ihm, mich besser zu verstehen. Ein erneuter Wink setzte die ratternden Maschinen wieder in Gang, der Alte machte mir ein Zeichen zu folgen, dann ging er vor mir her, den ganzen Weg bis zum Eingang des Hotels.

Er hätte einen seiner Söhne schicken können. Oder einen Enkel. Oder er hätte die Achseln zucken können: Warum sollte er mein Englisch verstehen, in diesem Winkel nahe der afghanischen Grenze? Aber der Alte ließ sich die Verantwortung nicht nehmen – es galt, eine allein umherlaufende Frau in Sicherheit zu bringen. Die Geste, mit der er die Nähmaschinen zum Schweigen brachte, hat sich mir eingeprägt als Inbegriff von Fürsorge. Die altertümliche Fürsorglichkeit einer patriarchalischen Gesellschaft.

Wie viel Anpassung ist nötig? Manchmal trage ich ein Kopftuch, oft trage ich keines. Wenn ich eine traditionelle, ländliche Familie im Jemen besuche, verschleiere ich mich. Aber warum sollte ich das beim Premierminister tun? Ich mache mein Verhalten von Situationen abhängig, folge intuitiv selbstgebastelten Regeln: Traditionen respektieren, Intoleranz möglichst nicht belohnen – und mich selbst stimmig fühlen. Wenn ich ein Kopftuch trage, trage ich es eher den Frauen zuliebe; sie honorieren das mit ihrer Freundlichkeit. Und wenn ich in den hinterletzten Ecken eines Basars herumstromern möchte, wirkt das Tuch wie eine vertrauensbildende Maßnahme; mit Tuch kann ich offensiver sein, ohne vor den Kopf zu stoßen. Unwohl fühle ich mich nur im Iran, weil die Bedeckung dort ein Zwang ist.

Manche streng religiösen Männer wollen einer Frau außerhalb ihrer Verwandtschaft nicht die Hand geben; deshalb vermeide ich von mir aus in solchen Milieus generell das Händeschütteln. Wenn ich keinem Mann die Hand reiche, setze ich die Regeln. Wer sich häufiger in islamischen

Kulturen bewegt, gewöhnt sich ohnehin an eine etwas andere Körperlichkeit. Zu Männern halte ich dort mehr Abstand, Frauen untereinander sind hingegen oft wärmer, zärtlicher als bei uns. Ist es ein Zeichen von Freiheit, möglichst viel nacktes Fleisch zeigen zu können? Weniger davon scheint mir oft die ästhetischere Lösung. Und dass ich in islamischen Ländern nicht auf jeder zweiten Plakatwand mit der kommerziellen Ausbeutung des weiblichen Körpers konfrontiert werde, finde ich ganz erholsam. Unter dem Aspekt weiblicher Würde fiel es mir schwerer, mich zum Beispiel in Thailand mit der Allgegenwart von Prostitution zu arrangieren.

Natürlich: An manchen Abenden würde ich gerne wie ein Mann stundenlang in einem Kaffeehaus oder an einer Straßenecke sitzen und mich dem kontemplativen Nichtstun hingeben. In Städten wie Istanbul, Damaskus oder Kairo fehlt es nicht an schönen Cafés, wo eine Frau abends hingehen kann. Andernorts bleibt, wenn man keine private Einladung hat, oft nur das Hotelzimmer – und die tröstende Einsicht, man habe doch ohnehin die Notizen von der Recherche des Tages durcharbeiten wollen ... Die soziale Kontrolle im öffentlichen Raum, die mir Sicherheit verschafft und mich vor Vereinsamung bewahrt, verwehrt mir zugleich den Rückzug in die Anonymität, wenn ich sie – ganz europäisch – zur Erholung suche.

Manche Touristinnen, die mit einem männlichen Partner reisen, berichten von der Erfahrung, muslimische Männer hätten sich stets nur an ihren Begleiter gewandt: ein Verhalten, das vermutlich als Respekt für die verheiratete Frau gemeint war, aber verständlicherweise von der Betroffenen als Missachtung empfunden wird. In solche Verwirrungen gerate ich nicht; mein Gegenüber verhält sich mir gegenüber in der Regel professionell. Ich kann mich an keine Situation erinnern, in der ein Mann nicht mit mir reden wollte – es sei denn, er hatte Gründe, nicht mit einer *Journalistin* reden zu wollen, jenseits des Geschlechts.

Nach den islamischen Ehr- und Moralvorstellungen ist eine allein reisende Journalistin viel akzeptabler als eine allein reisende Touristin. Dass eine Frau arbeitet, ihre Arbeit mit Hingabe und Ehrgeiz betreibt, dafür sogar die Beschwerlichkeit des Reisens in Kauf nimmt, das wird von den allermeisten Muslimen, denen ich begegne, akzeptiert, von vielen Musliminnen sogar enthusiastisch begrüßt.

Natürlich gelten für mich andere Regeln als für einheimische Frauen. Genau genommen gelten für mich überhaupt nur sehr wenige Regeln – und das ist ein großer Vorteil. In Gesellschaften mit Geschlechtertrennung steht mir sowohl die Frauenseite wie die Männerseite offen. Mir sind Recherchen möglich, die kein männlicher Kollege machen könnte, etwa über die Berufstätigkeit saudischer Frauen. Zugleich erweisen sich selbst konservative Autoritäten immer wieder als erstaunlich zugänglich. Ob ein Dorfscheich im Oman oder ein Sufi-Führer in Nigeria: Mein Notizblick öffnet Türen, auch zu den exotischsten Männerrunden. Das Vergnügen, das ich dort manchmal insgeheim empfinde, entschädigt reichlich für manche öde Stunde eines Hotelzimmerabends. In solchen Momenten empfinde ich meinen Beruf als ein großes Privileg.

Ich betreibe meine Beobachtungen am liebsten dort, wo keine anderen Journalisten hingehen. Oft muss mein Erscheinen reichlich seltsam wirken – unangemeldet, komisch gekleidet, zur unpassenden Tageszeit, gegen alle örtlichen Höflichkeitsregeln verstoßend. Daran gemessen überrascht es mich immer wieder, mit wie viel Freundschaftlichkeit ich empfange werde, bei aller kultureller Differenz. Muslime in aller Welt wissen es zu schätzen, wenn gerade in diesen angespannten Zeiten jemand kommt, um sich ein Bild aus erster Hand zu machen. Und sie kämen nicht auf die Idee, dieses Bild sei weniger wichtig, weil es von einer Frau gezeichnet wird.

Ich bin weder Orient-Expertin noch Islamwissenschaftlerin, sondern politische Journalistin. Meine Begegnungen mit dem Islam begannen im Kontext religiöser und kultureller *diversity*, in Südostasien, worüber ich anderswo berichtet habe (*Die Hütte der kleinen Sätze*, Berlin 2004). Später habe ich, mit Pakistan beginnend, islamische Gesellschaften auf der nördlichen Erdhalbkugel erkundet. Sie alle haben gewisse Gemeinsamkeiten, und doch ist jedes Land völlig anders. Mir ist der totalisierende Blick fremd, den viele bei uns auf Muslime werfen, als wären sie nur ein Meer gekrümmter Rücken in der Moschee. Mich interessiert, wie Menschen leben und wie sie ihre Probleme zu lösen versuchen. Und ich würde mir wünschen, dass wir islamische Gesellschaften mit jener Differenziertheit, Sachkunde und Professionalität betrachten, die wir für westliche Gesellschaften – unsere eigene voran – ganz selbstverständlich einfordern.

Dank

Diesem Buch liegen neun Dossier-Reportagen für DIE ZEIT zugrunde, die im Zeitraum von 2004 bis 2007 veröffentlicht wurden. Die Texte wurden für die Buchfassung aktualisiert, erweitert und durch neue Recherchen ergänzt.

Meine Arbeit wäre nicht möglich gewesen ohne jene Dolmetscher, die mir oft halfen, mehr zu verstehen als Worte. Besonders verpflichtet bin ich Nagmeh Hosseini (Iran), Elvan Kivilcim (Türkei), Shaker El-Rifai und Manar Omar (Ägypten) sowie Mohamed Elbawendi (Libyen).

Mit fachlichen Hinweisen und der Durchsicht von Manuskripten haben mich unter anderem folgende Wissenschaftler unterstützt: Carola Richter, Eckehard Schulz, Axel Harneit-Sievers, Franz Kogelmann, Gunnar Weimann, Gabriel Goltz, Bekim Agai, Felix Körner, Almut Hinz, Hanne Schönig.

Die Heinrich-Böll-Stiftung half mir mit ihren Kontakten in Pakistan, Nigeria und der Türkei. Nabil al-Amry verdanke ich Hilfe im Jemen, Süleyman Bag in der Türkei, Julietta Baums im Oman, Kristin Helberg in Syrien, Ulla Kimmig im Iran. Daniel Steinvorth recherchierte mit mir in Ägypten. Die Reise in den Jemen wurde unterstützt von der Deutschen Journalistenunion.

Ich danke ferner allen, die aus politischen Gründen hier nicht genannt werden.